W0414375

GÜTERSLOHER
VERLAGSHAUS

Jörg Zink, geboren 1922, ist einer der bekanntesten evangelischen Theologen der Gegenwart. Seit 1980 lebt er als freier Publizist in Stuttgart. Er ist Verfasser zahlreicher erfolgreicher Titel zu Fragen der Bibel, des christlichen Glaubens und Lebens. Immer gehörte seine Liebe weniger der wissenschaftlichen Forschung als den Menschen dieses Landes, die an ihrem inneren und äußeren Leben zu tragen und zu leiden haben. Ihnen versucht er mit seinen biblischen Auslegungen und seiner Deutung des christlichen Glaubens den einen oder anderen Schritt Verstehen und Vertrauen möglich zu machen.

Jörg Zink

Gottesgedanken

Vom inneren Weg eines Christen

Gütersloher Verlagshaus

Bibliografische Information der Deutschen Nationalbibliothek

Die Deutsche Nationalbibliothek verzeichnet diese Publikation in der Deutschen Nationalbibliografie; detaillierte bibliografische Daten sind im Internet über http://dnb.d-nb.de abrufbar.

FSC
www.fsc.org
MIX
Papier aus verantwortungsvollen Quellen
FSC® C005833

Verlagsgruppe Random House FSC-DEU-0100
Das für dieses Buch verwendete FSC-zertifizierte Papier *Munken Premium Cream* liefert Arctic Paper Munkedals AB, Schweden.

1. Auflage
Copyright © 2012 by Gütersloher Verlagshaus, Gütersloh, in der Verlagsgruppe Random House GmbH, München

Dieses Werk einschließlich aller seiner Teile ist urheberrechtlich geschützt. Jede Verwertung außerhalb der engen Grenzen des Urheberrechtsgesetzes ist ohne Zustimmung des Verlages unzulässig und strafbar. Das gilt insbesondere für Vervielfältigungen, Übersetzungen, Mikroverfilmungen und die Einspeicherung und Verarbeitung in elektronischen Systemen.

Druck und Einband: Těšínská tiskárna, a.s., Český Těšín
Printed in Czech Republic
ISBN 978-3-579-06571-7

www.gtvh.de

Inhalt

Worum geht es heute?

Wir Heutigen sprechen allgemein und unscharf von »Wellness«, wenn wir beschreiben wollen, womit die Industrie des Wohlfühlens uns helfen soll. Wellness ist ein Wort, das alles Wohlfühlen zusammenfasst, das über die reine Funktionsfähigkeit, den reinen Funktionserhalt unseres Körpers hinausgeht. Es hat viele konkrete Ausformungen, und eine ganze Industrie lebt davon, dass sie hier ihre Rezepte verkauft.

Im kirchlichen Bereich steht dafür das Wort »Seelsorge«. Seine Funktion ist sehr ähnlich: Für seelisches Wohlbefinden sorgen und dazu helfen, dass seelische Schwierigkeiten besser bewältigt werden. Was mit »Seelsorge« im Einzelnen gemeint ist, ist viel weniger klar. Klar ist allenfalls, dass es eine Dienstleistung der Pfarrer darstellt. Sie sorgen – für die »Seelen« der anderen natürlich.

Das setzt freilich voraus, dass auch die Pfarrer für ihre eigene Seele sorgen. Dass sie sich auf ihren eigenen spirituellen Weg begeben und dass dies nicht der Weg einer allgemein anerkannten Theologie ist, dass er vielmehr aus selbst gesammelten und aus gelebten geistlichen Erfahrungen besteht.

Das mag manchem selbstverständlich erscheinen, aber gerade wir altgewordenen Pfarrer – ich bin 89 – haben in unserer theologischen Jugend auf diesem Feld wenig gelernt und eingeübt. Als ich nach 1945 studierte, war der Glaube eine Sache für den Kopf, für die kirchliche Lehre und die intellektuelle Prüfung. Er war auch Ethik. Es war kirchliches Tun in einem sehr konservativen Sinn, aber dieser Glaube hatte weder das Wohl noch das Heil der Seele im Auge.

Zwanzig Jahre später kam über die Theologie die Entdeckung, dass der Christ eingebettet sei in einen gesellschaftlichen Zusammenhang, und der Glaube also den Sinn habe, in der Gesellschaft klärend und befreiend zu wirken. Spiritualität bestand in der Aufmerksamkeit auf Elend und Unrecht in den Verhältnissen der menschlichen Gesellschaft. Das war wichtig und ist es heute noch. Aber etwas so Privates, so auf den Einzelnen Zugeschnittenes wie Meditation, wie geistliche Übung konnte kaum für nötig erachtet werden.

Wieder dreißig oder vierzig Jahre später stehen wir in einer merkwürdig leeren Landschaft. Wir haben gelernt, zu denken. Wir haben auch gelernt, uns um unsere Welt und die Menschen weltweit zu kümmern. Wir haben gelernt, Dogmen kritisch zu befragen, sie aus ihrer Geschichte heraus neu zu betrachten und mit ihnen das ganze komplizierte Gedankenwerk der Theologie. Aber wenn ich im Gespräch bin mit einem Altersgenossen oder auch einem jüngeren Kollegen, dann stehe ich schnell vor dem Tatbestand einer großen Ratlosigkeit, wie es denn um die Substanz unseres geistlichen Auftrags stehe. Nämlich, wovon diejenigen seelisch, geistlich leben sollten, die das Evangelium den Menschen weiterzusagen haben. Woher sie für sich selbst die Gewissheit nehmen sollten, die die Laien von ihnen erwarten. Wie es um ihre Vollmacht stehe.

Dem entspricht ein alles durchziehender Mangel an Seelsorge und an gemeinsamem Nachdenken unter den Amtsträgern. Ich bin nun seit 60 Jahren als Pfarrer tätig und stand oft genug vor extrem schwierigen Aufgaben. In dieser ganzen Zeit kam nicht ein einziges Mal einer der Verantwortlichen dieser Kirche zu mir, um mich zu fragen, wie ich mit meinem Amt zurechtkomme. Das höre ich übrigens auch von katholischen Kollegen, die doch dem Gedanken einer spirituellen Begleitung näher sein müssten als wir.

Ich saß einmal mit Karl Rahner und dem Generaloberen des Jesuitenordens Pedro Arrupe in einem der düsteren Räume des Vatikans. Wir sprachen über dies und das, was uns wichtig war, und ich spürte eine tiefe Verlassenheit bei diesen beiden großen Gestalten. Eine tiefe Einsamkeit inmitten eines funktionierenden kirchlichen Apparats. Mir wurde bewusst, wie vor allem Karl Rahner bis an den Rand der Depression ausgelaugt war von seinen einsamen Kämpfen, und ich verstand noch einmal besser, warum er einmal gesagt hat, der Christ der Zukunft werde ein Mystiker sein oder es werde ihn nicht mehr geben. Denn das heißt: Christen würden die Gemeinschaft derer finden, die mit geistlichen Erfahrungen leben und sie würden einander dabei begleiten, stützen und heilen, oder sie würden an der Gegenstandslosigkeit ihres Glaubens enden.

Ich selbst habe als Student gelernt, etwas ganz und gar Unnötiges, ja Störendes sei für den Glauben das, was man religiöse Erfahrung nennt. Aber dann ging ich den religiösen Erfahrungen nach, die ich selbst als Kind und als junger Mensch gemacht hatte, und fand meinen eigenen Weg. Von diesen Erfahrungen habe ich in meinen späteren Büchern gelegentlich berichtet, auch von jenen, die ich während fünf Jahren des Krieges an der Grenze zum Tod und beim Tod unzähliger Freunde gemacht hatte. Ich hatte damals so viele Begegnungen mit dem, was man das Übersinnliche nennt, dass die schlichte Art, mit der die Theologie die übersinnliche Erfahrung disqualifizierte, obwohl die Bibel zum Beispiel voll davon ist, mir nie einleuchten konnte. Und was meine damalige religiöse Konsequenz anging, so schrieb ich schon 1943, mit einundzwanzig Jahren, aus dem Krieg nach Hause: »Wenn das Christentum nicht seinen mystischen Hintergrund wiederentdeckt, dann hat es uns nichts mehr zu sagen.« Ich hätte auch sagen können: seinen Erfahrungshintergrund.

Dem habe ich eigentlich auch nach weiteren 69 Jahren nichts hinzuzufügen. Aber was meine ich mit Mystik? Die Elemente eines mystischen Weges sind zwei. Zum einen: Quelle meiner Einsicht ist nach der Heiligen Schrift und der Verkündigung der Kirche meine eigene Erfahrung. Zum anderen: Was wahr ist, muss ich selbst finden. Was für mich gelten soll, muss sich an meinem eigenen Urteil prüfen lassen. Keine Autorität dieser Welt kann mir das abnehmen oder vorschreiben.

Ich habe danach jahrzehntelang wenig davon geredet, weil mir die Zeit nicht gekommen schien. Heute ist sie es, und ich will mit der Klarheit davon reden, die mir bei meinem hohen Alter angemessen scheint. Seit mehr als 50 Jahren habe ich vom Evangelium geredet, seine Gedanken vorgedacht, damit andere sie nachdenken können. Habe mir an jedem Tag neue Weisen des Redens ausgedacht, um die christliche Nachricht zu erklären. Allmählich fällt es mir schwerer, morgens an meinem Schreibtisch zu sein. Das nehme ich hin. Es schadet aber nicht, denn mit den Jahren wird mir die Sprache der Mystik einfacher und näher und vertrauter. Mit den Jahren bettet sich die Sprache der Mystik immer selbstverständlicher ein in die praktische Lebensführung mit Gott.

Was stellen wir uns denn unter Gott und seinem Wort vor? Zu den Zeiten des Mose oder der Propheten hat Gott geredet. Heute scheint er stumm geworden zu sein. So hat es religiöse Erfahrungen nur bei den Psalmensängern oder bei den Menschen um Jesus gegeben – und die Geschichte dieser Erfahrungen ist zu Ende? Kennen wir den Augenblick nicht mehr, in dem uns »etwas aufgeht«?

Die Menschen der Bibel erkannten Gott auch in Träumen und Visionen. Haben wir keine Träume mehr? Ist uns unbekannt, was es heißt, etwas zu schauen, was über unsere sinnliche Wahrnehmung hinausgeht? Den Menschen der Bibel hat, wie wir sagen, Gott sich offenbart. Wie setzt sich denn diese Offenbarung Gottes heute, unter den Menschen unserer Zeit und bei uns selbst fort? Ist Gott nun zurückgetreten in die Verschlossenheit seines Himmels? Oder ist er gar gestorben? Und kennen wir also »Offenbarung« nur noch als Lehrstück aus grauer Vorzeit, als Gott noch lebte und redete und gegenwärtig war?

Unser landläufiges Christentum krankt an einem Mangel an gegenwärtiger Erfahrung, und nichts ist so dringend wie dies, dass wir die Quelle der eigenen religiösen Erfahrung finden und öffnen. Denn der christliche Glaube ist ja kein Lehrstoff, den einer auswendig lernt und den man dann abfragt. Er bildet sich vielmehr in vielen Erlebnissen, in Begegnungen mit vielen Menschen und ihren Schicksalen und im Horchen auf sehr viele Stimmen, auch in uns selbst. Erfahrung ist eine der stärksten Quellen unserer Kraft. Er-fahren heißt wörtlich: »durch Fahren gewinnen«, nämlich dadurch, dass man sich selbst auf die Reise begibt, auf die Suche nach Wahrheit und Sinn, auf die Suche nach Gott und seiner Nähe.

An den Grenzen unseres Erkennens, im Raum von Ahnung und Erwartung, sprechen wir von religiöser Erfahrung. Sie spricht zu uns von einem Letzten, einem Gültigen, das sich uns mitteilen will als etwas sehr Zerbrechliches und Gefährdetes. Irgendwann, wenn es uns denn geschenkt werden soll, empfinden wir, es komme etwas bei uns an, das größer und dichter, wirklicher und wichtiger ist als wir selbst und das uns gleichwohl nicht bedroht. Und wahrscheinlich wären wir in großer Verlegenheit, wenn wir es anderen begreiflich machen müssten oder verpflichtet wären, vernünftig davon zu reden. Denn es spielt zwischen Gott und uns allein, und es ist andererseits oft so deutlich, dass wir niemanden brauchen, der es uns erklärt.

Freilich sind wir nicht die ersten Menschen, die Erfahrungen machen; vielmehr sind wir selbst geprägt durch uralte menschheitliche Erfahrung. Schon in der Steinzeit haben die Menschen in ihren Höhlen oder Savannen ihre Erfahrungen gemacht und haben sie in Bildern von Ahnen oder Göttern verdichtet, in Malereien, in heiligen Orten und Zeiten, später in Bildwerken, in Tempeln, in Kulten und heiligen Gesängen und Tänzen. Spätere Generationen haben sie in Schriftrollen und Büchern niedergelegt und in die immer weitergehenden und sich allmählich klärenden Gedanken ihrer religiösen Botschaften gefasst.

Zu meinen, in der Bibel habe Gott zum ersten Mal zu Menschen geredet, dürfen wir getrost als naiv ansehen. Und zu meinen, die volle Erkenntnis Gottes sei in der Bibel von Anfang an schlagartig dagewesen, ebenfalls. Auch die Bibel zeigt einen Weg, einen langen und mühsamen, durch viele Irrtümer und Verstrickungen hindurch zu einer immer deutlicheren Erfahrung Gottes. Gott hat, seit es Menschen gibt, immer geredet, und die Menschen haben so viel von ihm vernommen, wie der Bewusstseinsstufe entsprach, auf der sie lebten. Wir alle sind, ob wir es wissen oder nicht, durch diese tiefe und breite, jahrtausendealte Überlieferung bestimmt. Wir stehen nicht allein in der Welt, und die Welt ist nicht von uns erfunden worden, wir fließen vielmehr mit in dem großen Strom von Wassern und Wirbeln im breiten Flussbett einer geistigen Geschichte. Der Psychoanalytiker Carl Gustav Jung meinte gelegentlich, wir sollten doch immer einmal wieder den hunderttausend Jahre alten Mann fragen, den wir in uns hätten, wenn wir etwas über uns selbst wissen wollten; und ich würde hinzufügen: die hunderttausend Jahre alte Frau. Sie haben uns eine Menge zu sagen. Und es ist durchaus keine geistige Enge, in die wir geraten, wenn wir feststellen, auch der christliche Glaube komme zu uns auf dem Wege einer alten Geschichte und also auf den Wegen des Erzählens, des Bezeugens und des Feierns sehr alter Gedanken und Rituale.

Erfahrung hat immer zwei Gestalten: unsere eigene einerseits, die menschheitliche Gesamterfahrung andererseits. Wir werden unser ganzes Leben lang zwischen beiden hin und her gehen, einmal der einen, einmal der anderen mehr vertrauend. Und wir werden dabei verstehen, warum die Bibel sagt, der Geist Gottes komme aus einer fernen Geschichte auf uns zu, und er spreche zugleich aus uns selbst zu uns. Christus sei eine Gestalt aus einer fremden Welt, und er sei zugleich in uns selbst.

Man mag das alles als ein Gedankenspiel ansehen. Mit Worten aus alter Zeit zu leben oder gar auf Worte zu warten, die uns selbst treffen, wird so nutzlos sein wie ein Spiel, ein Tanz, eine Musik, ein Bild oder wie die Spiegelung der Sonne auf einem Wasser. Es wird so nutzlos sein wie alle notwendigen und großen Dinge in unserem Leben. Hier soll es nun um dieses Gedankenspiel des inneren Weges gehen.

Ich möchte in einer ersten Runde davon reden, welche schlichten Anfangsbemühungen nötig sind, wenn ein Mensch sich auf einen spirituellen Weg begeben will (Kapitel 1-3).

In einer zweiten Runde soll davon die Rede sein, was das eigentlich christliche an einer christlichen Meditation sei (Kapitel 4-6).

Und in einer dritten davon, was für Wege des Gebets und der Kontemplation uns also offen stehen (Kapitel 7).

Was ist Achtsamkeit?

Achtsamkeit – das ist es, was uns modernen Menschen als Ziel unserer Suche vor Augen steht. Das ist es, was wir wiederfinden müssen, wenn unsere Welt uns auch in Zukunft bewahren und schützen soll.

Wir tun zu viel und achten dabei zu wenig auf das, was wir anrichten an der einzigartigen Schönheit dieser Welt, an ihrem Reichtum.

Wir leben aneinander vorbei und achten zu wenig auf das Empfinden der Menschen, auf ihre leidvollen Schicksale und ihr Elend.

Wir leben an uns selbst vorbei und achten zu wenig auf uns selbst, auf unsere innere Stimme, die uns auf die Gefährdungen unserer eigenen Seele hinweist.

Wir leben in unseren Selbsttäuschungen und achten zu wenig auf die Wahrheit, die von uns fordert, wir hätten umzukehren und uns neu auf unsere wirklichen Ziele hin zu orientieren.

Achtsamkeit ist das entscheidende, zarte Merkmal einer zukunftsfähigen Menschheit.

In Dostojewskis »Die Brüder Karamasow« sagt der Starez Sosima:

»Mein Bruder bat die Vögel um Verzeihung.
Das scheint sinnlos zu sein, und doch tat er recht,
denn alles ist wie ein Ozean.

Alles fließt und berührt sich.
An einem Ende der Welt verursachst du
eine Bewegung,
und am anderen Ende der Welt hallt sie wider.«

Und Meister Eckhart schreibt:
»Wer Gott so hat,
der nimmt Gott göttlich,
und dem leuchtet er in allen Dingen.
Denn alle Dinge schmecken ihm nach Gott,
und Gottes Bild
wird ihm aus allen Dingen sichtbar.«

Die Fähigkeit, Erfahrungen zu machen und dabei Grenzen zu überschreiten, ist nichts, was wir haben oder nicht haben, sondern etwas, das sich durch Einübung verfeinern, präzisieren und erweitern lässt. Das sagen wohl alle Religionen, auch das Christentum. Heute stellen wir fest, dass wir Abendländer mit erschreckender Einseitigkeit unseren Verstand entwickelt haben, so sehr, dass wir nun wie in einer Welt leben, die aus dem besteht, was der Verstand zu erkennen vermag. Dabei haben wir ganze Bereiche unserer Seele und unseres Geistes veröden lassen. Das Hören des Leisen, das Sehen des Verborgenen, das Einvernehmen mit dem Fremdartigen, vor allem auch die Ehrfurcht vor dem, das sich uns entzieht, haben viele unter uns verloren.

Nun sind aber die Grenzen unseres Erkenntnisvermögens nicht festgelegt. Nicht nur unsere rationalen Fähigkeiten können erweitert werden, sondern auch unsere Einsicht in die Farben- und Gestaltenwelt seelischer und geistiger Bilder und Symbole und die Sprache, mit der wir innere Wahrnehmung und Erfahrung zu beschreiben vermögen. Wir können durchaus schauen, was wir nicht sehen. Wahrnehmen, was eine verborgene Wahrheit für uns bereit hat.

Nichts in unserer Welt ist durch Grenzen festgelegt. Die Grenzen sind immer nur in uns selbst. Es kann also alles geschehen. Die Reichweite unserer Sinne ist nicht unendlich, aber sie ist immer größer, als wir sie im Augenblick nützen, und überall hin sind die Wege offen. Fassen wir also unsere Welt groß genug. Lebendig genug. Und erwarten wir alles.

*

Achmed Al Ghasali, ein islamischer Gelehrter des 12. Jahrhunderts, spricht von unserer Fähigkeit, Gott so zu erkennen, wie es ihm entspricht:

»Lob und Preis gleich der Zahl der Sterne
des Himmels,
der Tropfen des Regens, der Blätter der Bäume,
der Sandkörner der Wüste, ... sei dem einigen Gott ...
dessen vollkommene Herrlichkeit kein Geschöpf
begreifen
und dessen wahres Wesen niemand erkennen kann
außer ihm selbst!

Denn das Geständnis der Ohnmacht,
ihn in Wahrheit zu erkennen,
ist die letzte Erkenntnis der Aufrichtigen,
das Bekenntnis des Unvermögens,
ihn nach Gebühr zu preisen,
der höchste Lobpreis der Engel und Propheten.
Erschrecken über die ersten Strahlen
seiner Herrlichkeit
ist die letzte Grenze alles Verstandes
der Verständigen,
verwirrtes, bestürztes Erschauern das äußerste Ziel,
das die ›Wegschreiter‹ und ›Jünger‹,
die seiner Schönheit Nähe suchen, erreichen.
Aber die Hoffnung auf seine Erkenntnis ganz aufgeben
heißt, sein Wesen aller Bestimmung berauben;
Blendung ist aller Augen Los,
die seines Wesens Schönheit selber schauen wollen,
notwendige Erkenntnis aber ist der Lohn
des Verstandes,
der seine Wunderwerke betrachtet.
Möge keines Menschen Sinn grübeln
über das Wie und Was seines erhabenen Wesens,
möge aber auch keines Menschen Herz
einen Augenblick ablassen,
seine Wunderwerke zu betrachten.
Denn dann wird er mit Notwendigkeit erkennen,
dass alle Dinge Spuren seiner Macht,
Lichtstrahlen seines Wissens,

wundersame Zeugnisse seiner Weisheit,
Abglanz seiner Schönheit sind,
dass alles von ihm und durch ihn ist,
ja dass er selber alles ist.
Denn nichts außer ihm hat wirkliches Sein,
sondern das Sein aller Dinge ist nur der Abglanz
von dem Lichte seines Seins.«

Erwarten wir alles, auch Rückwirkungen, Auswirken auf uns selbst.
Dieses Wechselspiel achtsamer Sinne beschreibt Dag Hammarskjöld so:
»Gott,
du nimmst den Zeichenstift – und die Linien tanzen.
Du spielst die Flöte – und die Töne schimmern.
Du bewegst den Pinsel – und die Farben singen.
So wird alles sinnvoll und schön jenseits der Zeit,
in dem Raum, der du bist.
Wie könnte ich irgendetwas zurückhalten von dir?«

In diesem doppelten Vorgang einer unbegrenzten Erkenntnis und einer unvorhersehbaren Rückwirkung liegt der Sinn dieses Weges der spirituellen Erfahrung: die Heimkehr. Die Beheimatung in Gott. Es ist ein Freiwerden und ein Ganzwerden. Der Sinn dieses Weges ist, einen Grund zu finden unter den Füßen. Ein Leben in der vielschichtigen, ganzen Wirklichkeit. Und diesen Weg gehen mehr Menschen, als wir gemeinhin annehmen. Sie gewinnen dabei das starke innere Wissen, dass ihr Ich seinen Platz im Mittelpunkt des eigenen Menschen aufgibt, dass sie einfach da sind, in einem starken und haltenden Rahmen, eins mit der Welt und allem, was sie einfasst. Sie lassen sich selbst los und wissen sich geborgen in einer großen Wirklichkeit. Und sie geben dieser großen, umfassenden und sie selbst durchdringenden Wirklichkeit den Namen »Gott«.

Niemand hat Gott je gesehen. Aber geschaut haben ihn viele. Gelebt haben viele in ihm. Und viele waren »in ihm«, wie man in der Atmosphäre eines Wetters lebt, in Schnee oder Regen, Gewitter oder der Kraft eines Morgens. Es gibt etwas wie eine Atmosphäre Gottes, die wir atmen, die wir um uns her wehen fühlen. So, dass wir sagen können: Das ist er! Das ist er selbst! Und das sind wir selbst, so wie unser Leben und Schicksal gemeint sind. Unser Weg wird dadurch nicht zu einem Spaziergang, er zeichnet sich ab auch mit seinen Härten und mühsamen Strecken. Aber er wird zugleich klarer, er findet seinen Horizont, seine in die Zukunft weisende Richtung.

Worauf kommt es dabei an? Dass wir uns ihm überlassen, dem nahen Gott, dem gespürten Gott. Denn das ist deutlich: Gott lässt sich nicht nur hören, nicht nur schauen, er lässt sich auch spüren. Empfinden. Als bewegende Energie. Als behütende Nähe. Als begleitende Zuverlässigkeit. Als kritische Klarheit. Als tröstende Gegenwärtigkeit. Als frageloses Umfeld unseres Tuns. Wir müssen einmal verstehen, dass nicht nur unser Leib Sinne hat und Sinne einsetzt, sondern auch unsere Seele, auch unser Geist. Auch unser unbewusster Tiefenraum. Wir sind sinnliche Wesen als die ganzen Menschen, die wir sind. Wir sind, würde die Bibel sagen, ein Wort aus Gott. Ein empfangenes und ein antwortendes Wort.

Es ist ein eigener Zauber, wenn wir auf einer Wanderung in der Morgenfrühe erleben, wie ein Wild vorsichtig witternd aus dem Wald tritt, nach allen Seiten blickt, horcht, langsam über die Wiese geht und sich dem frischen Gras zuwendet. Nichts entgeht ihm. Bei der leisesten Störung wendet es sich zurück in den Schutz der Bäume. Es ist mir immer wieder ein Bild gewesen für die Weise, mit der wir Menschen dem ganzen geistigen Zusammenhang unseres Lebens gegenüber aufmerksam sein könnten. Wach und sensibel.

Juliana von Norwich schreibt im 14. Jahrhundert:
»Es ist groß, zu wissen,
dass Gott, unser Schöpfer, in unserer Seele wohnt.
Und es ist noch größer, zu sehen und zu wissen,
dass unsere geschaffene Seele in Gott ihr Wesen hat.«

Ich kann von mir sagen, dass ich diese kurzen Augenblicke durchaus kenne, in denen alles fraglos wird, in mir und um mich her, und weder Pläne noch Wünsche noch Ängste mehr sind, sondern alles in sich ruht und ich nur noch nachsprechen kann: Ja. Ich bin in Gott. Oder ein andermal: Ja. Gott ist in mir. Ich lebe im Frieden mit der Welt und all ihrem Geschehen.

Deshalb möchte ich hier einen Weg vorschlagen, der in sieben Schritten gegangen werden kann. Es lassen sich viele andere Wege vorstellen, und es ist nicht entscheidend, nach welchem Gesetz sie angelegt sind. Wichtig ist nur, dass sie durch die ganze innere Landschaft unserer Seele – Ihrer Seele, verehrte Leser – führen. Ich schlage für den Anfang drei Schritte vor, die dazu helfen sollen, dass wir Leib, Seele und Geist in die Hand bekommen. Drei weitere Schritte, mit denen wir Hindernisse, die unseren Erfahrungen im Weg stehen, wegräumen und stattdessen Wegzeichen finden, die uns unser Ziel zeigen. Und einen siebten Schritt, mit dem wir unser Ziel erreichen. An ihnen ist nichts Sensationelles und nichts Neues. Es ist eigentlich alles selbstverständlich. Es ist in Jahrhunderten immer wieder gezeigt, gelebt und versucht worden. Und ich zeige diese sieben Schritte in der Hoffnung, wer sie gehen will, werde dabei nicht einem Schema folgen, auch nicht dem meinen, sondern seiner eigenen Freiheit und Einsicht. Und er werde nach einigen Bemühungen das Glück finden, das Vertrauen und die Gewissheit, dass sein Weg sein Ziel finden wird.

Drei Schritte zur Vorbereitung einer heutigen Meditation

I Der erste Schritt: Versammle dich selbst zu deiner tatsächlichen Ganzheit

Wir leben ja im pausenlosen Gerede. Nun beginnen wir damit, auf unser Wort zu achten. Ist es genau? Ist es eindeutig? Ist es verständlich? Ist es so, dass es Wahrheit transportieren kann? Wir achten auf unsere Gedanken. Was geht alles in unserem Kopf vor? Was denkt es alles in uns, das wir nicht wollen? Und wie können wir unsere Gedanken führen, wählen, kontrollieren? Was reden die Bilder, die durch unseren Kopf gehen?

Eine mittelalterliche Gebetsanleitung schildert, was uns hier fehlt. Sie lautet:
»Wehe über die Gedanken in meinem Kopf!
Wie sie mir davoneilen!
Durch wogende Menschenmengen eilen sie,
durch Kreise spielender Mädchen,
durch Wälder und Städte wie ein Wirbelwind.
Der Erinnerung verloren, streifen sie nah und weit,
von manchem großen Auftrag listig abgedrängt
schleichen sie heim.
Ohne Schiff gleiten sie über die See,
mit einem Schwung
fahren sie von der Erde zum Himmel auf.
Es ist ein törichtes Wettrennen nah und fern,
nach schwindelndem Lauf kehren sie zu mir zurück.
Versucht man gleich, sie zu binden
oder ihnen Ketten an die Füße zu legen –
sie reißen sich los und eilen davon,
unaufhaltsam, ohne Rast und Ruh.

Weder Schwertes Schneide noch Peitschenhieb
halten sie zurück.
Schlüpfrig wie der Schwanz des Aals
entgleiten sie meinem Griff.«

Es gibt viele Vorschläge, wie die notwendige Konzentration unserer Gedanken und aller geistigen und seelischen Kräfte und leiblichen Bedürfnisse geschehen kann. Wichtig ist, dass wir lernen nicht nur für zwei Sekunden, sondern für eine halbe Stunde, unseren inneren und äußeren Menschen in die Hand zu bekommen, ihn sozusagen um unsere eigene Mitte herum zu versammeln, so, dass am Ende eine uns zugedachte Erfahrung uns wirklich als ganzen Menschen antrifft.

Wir beginnen also mit einem ersten Schritt. Wir bemerken, dass in uns zu viel geschieht. Wir bewegen Gedanken. Bilder huschen durch uns hindurch. Erinnerungen. Wir sehen vor uns, was geschehen wird. Nun sammeln wir unsere Gedanken ein. Die Inder sagen: »Die Gedanken sind wie Affen, die im Baum unseres Gehirns umherturnen. Wir greifen einen nach dem anderen sanft mit der Hand und setzen ihn auf die Erde, bis der Baum seinen Frieden gefunden hat.« Wir sammeln unseren ganzen Menschen auf einen Punkt, den der ungestörten Wachsamkeit. Die christliche Tradition spricht hier von »concentratio«, von Sammlung unser selbst auf unsere eigene Mitte und auf die Stille in ihr.

Was also gilt es zu versammeln? Zum einen leben wir in einem feinfühligen Leib. Was sagt er uns? Was antworten wir ihm? Wir leben in einer erlebnis- und leidensfähigen Seele. Was erfahren wir durch sie? Wir haben einen wachen und lebendigen Geist und sein unbewusstes Spiel der Phantasien, aber auch seiner wachen, kritischen Nachdenklichkeit. Wir wollen alles Leben, die leibliche Feinfühligkeit, die seelische Präsenz und die geistige Wachheit einbringen in die Bewusstheit, die wir erreichen möchten.

Wer hilft uns dabei? Wir haben in uns die Kraft, das Wunderbare zu erfahren. Wir lieben und werden geliebt. Wir erfahren andererseits den Schock des Todes, der uns durch unser Leben hin begleitet. Wir leben mit dem Elend der Menschheit in dem tiefen Leiden so vieler. Wir begegnen der Übermacht des Bösen. Und wir sehen die ständige Zumutung, mit allen Wesen zu leiden, die Zumutung also des Mitleidens.

Wir finden zum zweiten in uns die rätselhafte Fähigkeit, zu träumen, unser enges Menschsein zu überschreiten. Die Fähigkeit, der äußeren Wirklichkeit auf inneren Wegen zu begegnen und daraus Kräfte zu schöpfen. Uns widerfahren Gipfelerlebnisse, die uns aus unserer normalen Verfassung reißen. Oder uns erfüllt das ozeanische Bewusstsein mit seiner keiner Erklärung bedürftigen Ruhe und Klarheit.

Dazu kommen individuelle Erfahrungen und Fähigkeiten: Du hast deine eigene Art, mit deiner und anderer Leute Zeit umzugehen. Deinen Tag zu ordnen oder dein Jahr. Deine eigene Art, mit Rhythmen zu leben. Du hast deine eigene Art, deine Sinne, die deines Körpers oder deiner Seele, nach allen Seiten hin auszusenden und wieder zurückzunehmen. Geh ihnen nach und sammle sie alle ein.

Du hast Begabungen auf vielen Feldern. Auf anderen hast du sie nicht. Versuche also, dich in dem Rahmen und unter den Voraussetzungen zu sehen und zu akzeptieren, die dir gesteckt sind. Du bist gefährdet an vielen Stellen und deine Erfahrungen mit dir selbst wollen dich achtsam machen.

Du lebst unter Menschen. Sie sind dir vertraut oder fremd. Sie bestimmen dich. Du bist abhängig von ihrer Zustimmung oder ihrer Abneigung.

Du lebst in einer Situation, in einer Umwelt, in einer Zeit, in Jahren, in denen um dich her die Dinge wirbeln. Sie beschreiben deine Aufträge, deine Ängste, deine Hoffnungen. Sie gehören zu dir, sie sind ein Teil von dir. Du reichst nach allen Seiten weit über das hinaus, was du als dich selbst beschreiben möchtest.

Zusammenfassend: Sammle also alles ein und staune über den Reichtum an Erfahrungen und Fähigkeiten, der in dir auf dieser Erde steht. In dir lebt eine unbewusste oder halbbewusste Erinnerung an das frühe Erbe der Menschheit, an die Religionen früherer Zeit. In uns lebt die Erfahrung der ungezählten Menschen, die auch uns zugedacht ist. Wir sind umgeben von Situationen, in denen wir uns dieser alten Erfahrungen bedienen, denen wir uns nun zuwenden.

Sammle also alles ein: deine Neigungen, Wünsche, Interessen, dein Streben nach Macht oder Geltung, nach Anerkennung. Deine Kindheit, deine Hoffnungen, deine Verletzungen. Sammle alles ein, auch das andere: deine Bosheiten, deine Egoismen, deine Isoliertheit, deine Außenseiterrolle oder auch deine Angepasstheit. Deine Vorurteile und auch alles, was du anderen voraus hast. Wir sind ja so viel, was uns von anderen her zukommt.

Und wenn du diese sorgfältige Arbeit des Einsammelns alles dessen, was dich ausmacht, zu Ende gebracht und über die Fülle gestaunt hast, die du bist, dann lass es alles stehen. Nimm es so leicht und so unwichtig, wie es ist. Aber nimm es ernst. Richte dich auf. Fasse Mut. Staune darüber, wie reich du bist. Nimm jeden Aspekt ernst und lass nichts als unwichtig zur Seite treten. Nimm dich selbst mit allem mit, wenn du vor Gott stehst.

Alle Religionen und auch alle Epochen der christlichen Geschichte waren und sind sich darüber einig, dass Offenbarungen, Ekstasen, Erfahrungen und Begnadungen zwar über den Menschen kommen, von einer höheren Hand gegeben, nicht erzwingbar oder, wie unsere eigene Überlieferung sagt: allein aus Gnaden geschehen. Dass aber der empfangende Mensch gut daran tut, sich selbst darauf vorzubereiten, sich in Zucht zu nehmen, an seiner eigenen Erwartung zu arbeiten. Im Sinne der Gleichnisrede Jesu: Er muss auf seinem Acker arbeiten, er muss die Furchen ziehen, in die dann einer das Korn wirft, so dass er am Ende die Frucht empfangen kann.

Solche Anweisungen gibt es für alle geistlichen Wege, die in der Religionsgeschichte in modernen spirituellen Strömungen entstanden sind. Es gibt Anweisungen für die Vorbereitung auf die religiöse Erfahrung. Der Schüler des Zen »sitzt« jahrelang, bis ihm – vielleicht – eines Tages die Erleuchtung widerfährt. Die Schamanen aller Völker haben einen langen Weg der Bewährung, der Proben und der Einübungen hinter sich, wenn sie ihre besondere Rolle übernehmen. Und es war durchaus nicht alles nur öde Werkerei, was in den Klöstern und Einsiedeleien der christlichen Geschichte an Entbehrung und an Übung praktiziert wurde. Es ist auch empfangenes Licht.

In den letzten Jahren habe ich immer wieder davon gesprochen, der Christ der Zukunft werde seinen Weg suchen, wie die großen Mystiker ihn gegangen sind, Meister Eckhart oder Angelus Silesius, und werde bei ihnen in die Schule gehen. Ich meinte damit nicht, er müsse ein Visionär sein oder ein Ekstatiker, auch wenn er gewiss mehr wahrnehmen wird, als einem gehorsamen Glied seiner Kirche früher zugestanden war, und auch wenn die Ekstase – das heißt das Heraustreten aus dem »normalen« Verhalten – immer schon, vor allem auch in der Bibel, zu wirklicher religiöser Erfahrung gehört hat. Ich meinte auch nicht, er müsse ein Asket sein, auch wenn er sich gewiss härter »in Zucht« nehmen wird, als es heute üblich ist. Oder ein Eremit, auch wenn er seinem Zeitgeist gewiss nicht so gehorsam nachlaufen wird, wie es heute als erwünscht gilt.

In ähnlicher Weise meine ich auch nicht, wir müssten uns künftig an die genauen geistlichen Stufenwege halten, die von den Müttern und Vätern der christlichen Tradition beschrieben worden sind. Die Wege, die anfingen mit »Abseitsgehen«, mit Fasten, mit dem Sammeln der Gedanken und der Gefühle, mit Wachbleiben und Schweigen, Horchen und Meditieren, mit Lesen im Brevier oder mit gregorianischem Singen. Die ihr vorübergehendes Ziel darin sahen, dass ein Mensch leer war für Gott, dass er vor ihm mit allen Kräften anwesend war, dass er zuließ, dass Gott seine Gedanken in ihm dachte und er, der Mensch, zur Einung seines Willens mit dem Willen Gottes gelangte. Die ihre großen Ziele fanden in der Kontemplation, in der Erleuchtung, in der Schau Gottes, in der mystischen Einung mit Gott oder auch im Untergehen in Gott. Ich selbst habe viel davon als sehr hilfreich empfunden und kann Wege dieser Art gerne empfehlen, nur meine ich, wir dürften nicht glauben, es genüge, einen Punkt nach dem anderen abzuhaken und zu erledigen und wir würden dann gewiss an unser Ziel kommen. Ich glaube nicht, dass es einen bestimmten Weg gibt, den jeder und jede mit gleichem Schritt zu gehen hätte.

Es gibt eben »den« geistlichen Weg überhaupt nicht, sondern er sieht bei jedem einzelnen Menschen anders aus und muss von jedem von uns für sich selbst gefunden werden. Der Weg zur geistlichen Gesundheit, der noch lange vor dem Weg zum Heil gegangen werden muss, ist keine Autobahn, sondern ein Wegenetz, auf dem der eine dem gemeinsamen Ziel anders zustrebt als der andere. Wir beginnen bei uns selbst, wir finden unsere Einsichten auf unsere Weise, helfen einander dabei, und das Ziel gibt uns dabei die gemeinsame Richtung. Was wir einander zeigen können, das ist ein Lernweg, ein Übungsweg, auf dem wir einander helfen können bis zu dem Punkt, an dem wir unseren eigenen Weg gefunden haben.

Das alles ist nichts spezifisch Christliches. Wir können uns dabei mit Sufis unterhalten, mit Buddhisten oder Gläubigen von Naturreligionen und mit vielen, die mehr in ihrem Leben erreichen möchten als Geld und Erfolg, ohne dass sie Christen wären. Ob uns auf diesem Weg der Einübung ein paar Schritte gelingen, davon hängt nicht zuletzt gerade bei uns viel von unserer Glaubwürdigkeit ab.

Ich betone ausdrücklich: Es geht nicht um Moral.

Es geht noch lange nicht um die Zehn Gebote. Es geht lediglich um die Aufmerksamkeit, mit der wir uns unserem eigenen Verhalten zuwenden. Unseren eigenen Erwartungen. Unserer eigenen Fähigkeit, mit dem Ablauf und dem Gedränge unseres Tages zurechtzukommen und darin die Freiheit zu finden und die Zeit, unseren eigenen Zustand so zu korrigieren, dass etwas wie geistliche Erfahrung und etwas wie praktische Bewährung Raum finden. Es ist in jeder Hinsicht eine anfängliche, aber nach meiner Überzeugung unentbehrliche Vorarbeit.

Unser Körper, unsere Seele, unser Geist sind miteinander ein Instrument. Wir müssen es stimmen. Wir müssen üben, darauf zu spielen. Und bis wir die vollkommene Musik hören, wird wohl einige Zeit vergehen. Unsere Vorstellungskraft muss frei sein. Unser Verstand muss brauchbar sein. Unsere Gedanken müssen eine gewisse Ordnung einhalten. Unser Körper muss fähig sein, mit Seele und Geist zusammenzuwirken.

So beginnen die meisten spirituellen Anweisungen, ob christlich oder anders, damit, dass sie Übungen vorschlagen in der Fähigkeit, sich einzusammeln, sich zu konzentrieren, auf einen Punkt zu kommen und von dort auszugehen. Wer nicht, das sagen die Meister aller geistlichen Wege, fähig ist, sich ungeteilt einem einfachen Ding zuzuwenden, wird kaum fähig sein, sich ungeteilt einer geistigen Erfahrung zu öffnen. Es beginnt also alles sehr einfach, und wir können gerne feststellen, dass es dabei zunächst nicht sehr interessant zugeht.

Man nimmt zum Beispiel einen einfachen Gegenstand in die Hand und versucht, zunächst eine Minute, dann länger, bei ihm zu verweilen, ihn kennenzulernen, ihn zu betrachten und seine Gedanken ungeteilt bei ihm festzuhalten. Wer das zum ersten Mal versucht, wird schnell merken, dass er es nicht kann. Nach zwanzig Sekunden spätestens sind die Gedanken anderswo. Wie wollen wir aber einen wichtigen Gedanken fassen, bedenken und festhalten, solange in uns alles wirbelt oder flattert?

Man kann dazu viele, immer weiter führende Übungen versuchen, von der Konzentration auf konkrete Dinge, und sei es nur auf eine Brille oder einen Bleistift, über die Konzentration auf Vorgänge, die man erlebt hat, bis hin zur Konzentration auf Gedanken oder Vermutungen. Man wird zunächst große Schwierigkeiten damit haben. Aber das ist ja nur ein Zeichen dafür, dass man es eigentlich können müsste. Und das geht bis zur Konzentration im Sinne des Einsammelns unserer selbst.

Manchmal, wenn ich von Stunden, von Terminen, von Menschen, von Briefen und Telefonaten gejagt war, bin ich ans Fenster getreten, habe durchgeatmet, führte die Hände zusammen so, dass die Fingerspitzen der einen Hand die Fingerspitzen der anderen Hand berührten, und stand so, eine Minute oder zwei.

Und ging wieder an meine Arbeit. Ich merkte es an meinem Zustand, wenn ich die Gelegenheit, so zu tun, über einige Stunden außer Acht gelassen hatte.

Dabei muss uns deutlich sein, dass solche Sammlung nicht das Ergebnis einer Willensanstrengung ist, sondern die Frucht eines Lassens. Ich ließ los, was mich festhielt. Ich ließ, was ich als nächstes tun sollte. Ich ließ, was mich nach allen Seiten hin interessierte. Ich ließ, was in mir im Kreis jagte oder nach allen Richtungen lief, und blieb sozusagen allein übrig. Ruhig. Stehend. Gesammelt. Heute, da mein Tag ruhiger verläuft und weithin ungestört, kann ich mich auf einfachere Weise sammeln.

II Der zweite Schritt: Lerne die Kontrolle deines Verhaltens

Ein zweiter Schritt ist, so sagte ich, die Kontrolle unseres Verhaltens. Unseres Verhaltens zum Beispiel gegenüber unserer Zeit. Während meines Studiums habe ich viel bei Ludwig Köhler gelernt, einem weisen alten Theologen aus der Schweiz. Der hat einmal gesagt: »Wende dich der Zeit, die dir gegeben ist, dankbar und freundlich zu und gib ihr Raum. Was du in Hast tust, kannst du nicht recht tun, und so verdirbt dir die Zeit von Augenblick zu Augenblick. Tu nie etwas unüberlegt und schnell hin. Tu aber alles, was du tust, in so wenig Zeit, als du kannst. Du hast noch viel zu tun. Das scheint ein Widerspruch. In Wahrheit geht es gut zusammen. Meine nicht, Zeit sei dadurch zu gewinnen, dass du dir keinen Schlaf gönnst. Das ist auf die Dauer sicher ein schwerer Irrtum. In jeder Stunde und in jedem Tag sind kleine Zeitabfälle, mit denen nichts anzufangen ist. Wenn du etwas aus ihnen zu machen verstehst, gewinnst du eine Menge Zeit.«[1]

»Wichtig ist auch die Zeit der anderen. Lass also niemand warten. Wenn du ihre Zeit in Anspruch nimmst, dann sage das deine in so wenig Zeit als möglich und sage es so, dass keine Zweifel und Missverständnisse zurückbleiben. Leute, von denen man bei ihrem Anruf schon weiß, dass sie nun eine halbe Stunde um tausend Dinge herumreden werden, sind schrecklich.

1. Ludwig Köhler, Wahres Leben, Luther-Verlag, Witten 1954.

Wenn die Hausglocke läutet oder das Telefon, dann brich mit dem Handgriff ab, den du eben tust, und wenn du schreibst, unterbrich mitten im Satz.

Wenn andere deine Zeit vertrödeln, dann versuche, nicht ungeduldig zu werden. Denn auch diese Zeit bleibt deine Zeit, und wenn dabei deine Geduld wächst, so ist sie sinnvoll gelebt.«

»Der Körper lebt im Februar anders als im Juni, und die Seele auch. Beide leben um fünf Uhr in der Frühe anders als am Nachmittag. Morgen- und Abendstunden sind keineswegs gleichwertig. Anregungs- und Beruhigungsmittel nützen auf die Dauer nichts, wenn sie nicht die Rhythmen unterstützen, in denen Leib und Seele leben. Die Zeit ist kein Kalender zum Abreißen, sondern ein Fluss, eine Wellenbewegung. Wer im Meer schwimmt, hält sich mühelos lange Zeit, wenn es ihm gelingt, sich dem Rhythmus der Wellen einzufügen, und er wird nach kurzer Zeit am Ende seiner Kraft sein, wenn ihm dies nicht gelingt. Man suche also nach dem Rhythmus seiner Zeit, der am meisten Freiheit gibt für Zeiten der Stille, und halte ihn möglichst konsequent ein.«[2]

Unter den Lehrern des geistlichen Lebens haben einige immer wieder gesagt: »Achte auf die Morgenstunde. Nimm den Anfang des Tages wahr. Er ist die Stelle,

2. *Ebenda.*

an dem du die Ewigkeit berührst.« Und wirklich wäre uns in vielen Nöten des Leibes und der Seele geholfen, wenn es uns gelänge, die erste Morgenfrühe von Eile, Lärm und Hetze freizuhalten. Unseren Tag werden wir im Allgemeinen nicht so gestalten können, wie es uns entsprechen würde. Sein Takt wird uns aufgezwungen, aber der Anfang sollte uns gehören. Der Morgen ist die Stunde der seelischen Beweglichkeit und Aktivität, der Phantasie, der originalen Gedanken und Einfälle. So stand ich – wenn nicht eine Reise oder eine abendliche Spätveranstaltung es unmöglich machten – fünfzig Jahre lang um vier Uhr morgens auf. Bis das Leben in meinem Büro einsetzte, hatte ich vier Stunden der absoluten Stille, in der ich das tun konnte, was mir wichtig war, ehe die Zeitung kam, die Familie, das Frühstück, das Telefon, die Besucher und mit dem allen die tägliche Eile, und so hatte ich in aller Regel zwölf bis vierzehn Arbeitsstunden am Tag. Das muss niemand nachtun, aber man muss wissen, woher man die Zeit nehmen will, in der man dem Zwang der Überfremdung, der während des Tages herrscht, sein Eigenes entgegensetzen kann. Das kann auch der Abend oder die Nacht sein.

Was immer man tut, um sich der eigenen Zeit bewusst zu werden, man wird feststellen, dass man davon mehr hat, als man dachte.

Goethe fand einmal im Florilegium seines Sohnes einen Spruch von Jean Paul: »Der Mensch hat dritthalb Minuten, eine zur Freude, eine zum Leiden und eine halbe zum Lieben, und mitten in dieser stirbt er.« Und Goethe schrieb darunter den Vers:

»Ihrer sechzig hat die Stunde,
über tausend hat der Tag.
Söhnchen, werde dir die Kunde,
was man alles leisten mag.«

Zu den Übungen mit der Zeit gehört auch die Erinnerung. So zum Beispiel: Eben war ein Besucher bei dir und hat irgendetwas mit dir besprochen. Jetzt, da er gegangen ist, denkst du einen Augenblick nach über das, was war. Es ist nicht nur eine Übung des Gedächtnisses, sondern vor allem des Herzens, sich klarzumachen: Was hat er erzählt? Was haben wir beredet? Mit welcherlei Gedanken geht er nun seinen Weg?

Die Zeit ist eigentlich nicht nur eine endlos geradeaus laufende Linie, sie verläuft auch überraschend in der Art einer Begegnung. Sie ist nicht eigentlich lang. Sie ist im Grunde immer nur der Augenblick, in dem wir sind. Im Grunde ist die Zeit der Zeitblitz, der uns aus der Ewigkeit heraussetzt und uns wieder in sie zurückholt. Die »Fülle der Zeit«, von der die Bibel spricht, ist der erfüllte und von der Ewigkeit aufgenommene Augenblick. Wenn ich den Augenblick als die »kleine Ewigkeit« bezeichnen kann, dann die Ewigkeit als den »großen Augenblick«. Je mehr aber von diesem großen Augenblick durch die Gnade Gottes in meinem Dasein spürbar wird, desto reicher wird die Ernte sein, die auf dem kleinen Acker meiner Zeit gewachsen ist. Dazu gehört das abendliche Zusammenzählen als das Zurückholen dessen, was am Tage war.

Ein zweiter Aspekt des Verhaltens, der durch alle geistlichen Wege verändert wird, ist die Art und Weise, in der wir unser eigenes Denken reflektieren, und ihm gegenüberstellen, was wir aus der Distanz zu betrachten haben. Man muss einmal verstanden haben: In unserem Kopf, in deinem und meinem, denkt »es« Tag und Nacht. Wir selbst, unser Bewusstsein, bestimmen zum geringsten Teil, was es da denkt. Das meiste kommt »von selbst«, aus irgendeiner Himmelsrichtung, aus irgendeinem Abgrund, und es drückt aus, was und wer wir sind, ohne dass wir viel dazu tun könnten. Es ist wie das Wetter draußen vor dem Fenster. Ich habe es nicht in der Hand. »Es« regnet. »Es« ist kalt. Niemand kann sagen, wer regnet oder wer kalt ist.

Die Inder sagen, wie schon erwähnt: »Die Gedanken sind wie Affen, die in deinem Gehirn wie in einem Baum umher turnen.« Stell dich also still vor den Baum, fange einen nach dem anderen ein, betrachte sie einen Augenblick und setze sie neben dich auf die Erde. Behalte sie aber im Auge, denn sie sind schnell wieder oben im Baum. Aber streite nicht mit ihnen, beschimpfe sie nicht. Sie sind ja nicht deine Feinde, sondern deine eigenen Gedanken. Lege sie still und freundlich und im Frieden auf die Seite.

Wie »es« wirklich in dir denkt, kommt eindeutig heraus, wenn du plötzlich in eine unerwartete Situation gerätst und in ihr reagierst. Im unvorbereiteten Tun oder Sagen kommt es heraus. In Worten, die wir uns überlegen konnten, können wir uns verstellen. Aber unsere Gedanken prägen, was wir tun. Es ist schon wichtig, sich um seine Gedanken zu kümmern. Selbst zu bestimmen, was »es« in uns denken soll.

Deshalb: Denke Wege entlang. Denke von einem Gedanken bewusst zu einem anderen weiter. Dann weiter zu einem dritten und sieh zu, dass sie in einem Zusammenhang stehen. Und dann denke wieder rückwärts bis zum ersten. So gewinnst du die Herrschaft über deine Gedanken. Und dann gib ihnen den Weg frei zu deinem Reden oder deinem Verhalten und Handeln. Nimm sie als Werkzeug in die Hand.

Wenn du zur Ruhe kommen willst, dann sage zu deinen Gedanken: Geht jetzt. Ihr dürft morgen früh wiederkommen. Wenn sie dir gehorchen – und das müssen sie gelernt haben –, dann wirst du einen guten Schlaf finden.

Wenn deine Gedanken gelernt haben zu gehen, wenn du sie wegschickst, so sagen die Lehrer der spirituellen Übungen, dann – vielleicht – kann es geschehen, dass am Ende Gott seine Gedanken in dir denken kann. Denn dazu ist er bereit.

Lerne die Kontrolle deines Sprechens

Zum Beispiel: Rede, wenn du etwas zu sagen hast, und schweige, wenn du nichts zu sagen hast, und sage, was du sagst, so, dass man es versteht. Und lass auch einmal etwas Wichtiges ungesagt. Nicht jede Stunde eignet sich für jedes Wort.

Der behutsame Umgang mit den vielen Wörtern ist wie eine Arbeit am gemeinsamen Haus der Menschen. Aus vielen kleinen Steinen wird es gebaut. Mit jeder Lüge verliert es seine Festigkeit. Deshalb: Nur was wahr ist, ist wert, gesagt zu werden. Fasse nur das in Worte, was du wirklich weißt, und sage immer ein paar Worte weniger, als die Menschen von dir hören wollen. Was du nur annimmst oder vermutest oder argwöhnst, das lass ungesagt.

Wenn über jemand etwas Ungutes gesagt wird, dann suche nach etwas Gutem, das über ihn gesagt werden kann. Aber dein Lob muss wahr sein. Ludwig Köhler hat einmal gesagt: »Meide die Übertreibung. Jede Sonne hat Flecken. Auf jeder Pfütze glitzert ein Licht.«[3] Kraftwörter jedenfalls steigern dein Wort nicht, sondern entwerten es.

3. Ebenda.

Es ist selbstverständlich, dass du verantwortest, was du sagst. Aber nicht nur das. Du bist auch verantwortlich für den Zustand, in dem dein Wort im Ohr des Hörers ankommt. Kommt es als Wahrheit an, als Trost, oder kommt es als Missverständnis an oder als Irrtum? Je öffentlicher du redest, um so wichtiger wird das. Es ist einer der strengen Maßstäbe, die man etwa auch an die Predigt in den Kirchen anlegen soll. Vieles würde danach nicht mehr gesagt. Und Vieles würde anders gesagt.

Wenn Sprechen dein Beruf ist, dann achte darauf, dass du deinem Beruf gerecht wirst, dass du ihn also ausübst mit einer Sprache, die genau ist, in der entbehrliche Worte nicht vorkommen.

Achte darauf, ob du »äh« oder »hm« sagst zwischen deinen Worten, wenn du nicht weiter weißt. Du kannst ja langsam reden oder mit Pausen, aber fülle deine Pausen nicht mit sinnlosen Lauten.

Was alle sagen, brauchst du nicht auch noch auszusprechen. Was alle verschweigen, könnte ein Wort lohnen. Was einfach ist, sage nicht umständlich. Was sich klar sagen lässt, das hülle nicht in einen Nebel.

Die Menschen aber lassen sich nicht trennen in die, die lügen, und die, die die Wahrheit sagen. Keiner, den ich kenne, sagt immer die Wahrheit, auch ich selbst nicht, und niemand lebt außerhalb der Zone der Täuschungen. Wer sagt, er lüge nicht, der lügt. Es ist schon viel, wenn einer prüft, was er redet, was er den Menschen vorspielt und was er wirklich tut.

Wenn du dir über dich selbst einigermaßen klar bist, wird dir weniger wichtig werden, was andere über dich sagen. Du wirst weniger oft versucht sein, dich zu verteidigen. Wenn sie dich rühmen oder dich mit Recht oder Unrecht verunglimpfen, du bist doch kein anderer Mensch. Das sagt dir einer, über den viel geredet worden ist.

Hin und wieder versuche selbst, einen halben oder ganzen Tag lang nichts zu sagen.

Es wurde mir einmal vorgeworfen, ich fälschte das biblische Wort absichtsvoll. Ein andermal, ich brächte dem Judentum nicht genügend Freundschaft entgegen. Was sollte ich mit solchem Unsinn tun? Ich kann mir bis heute kein Argument denken, mit dem ich den, der so spricht, davon überzeugen könnte, er irre sich. Nachdem ich also versucht hatte zu verstehen, was hinter den Angriffen stand, ging ich damit in Gedanken auf die Brücke meiner Kindheit und sah, wie alles im Frieden davonschwamm.

Als Kind bin ich oft auf dieser Brücke gewesen. Ich sah zu, wie die Donau unter mir, groß und majestätisch, durchströmte. Ich lehnte mich dann später in Gedanken über die Brüstung und schaute hinunter. Dann nahm ich die einzelnen Wörter und ließ sie in den Fluss fallen, wie man kleine Hölzer ins Wasser wirft, und schaute zu, wie sie ruhig und friedlich davonschwammen. Und jedes Mal schwamm ein Missverstehen, auch ein Stück eigenen Rechthabens, ein Stück Zorn mit davon. Auf diese Weise habe ich viel Streit, der eigentlich angelegt war, vermieden. Oft auch eine Auseinandersetzung, die nun nicht mehr stattzufinden brauchte und die mich viel Kraft und Zeit gekostet hätte.

Übe das Hören

Das betrifft auch das Hören. Wenn du schweigst, ist noch keine Stille in dir. Die muss anderswoher kommen. Und erst, wenn sie eintritt, kannst du hören. Du kannst aber das Hören üben.

Schau dir einen Spinnwebfaden an, der im Licht vibriert. Was da schwingt, ist ein Ton, ist Musik. Dein Ohr ist nicht fein genug, sie zu hören, aber Musik ist es allemal. Vielleicht wird dich dabei das erfüllen, was wir »Stille« nennen.

Stelle eine Klangschale vor dich auf den Tisch. Schlage sie an. Höre, wie sie klingt. Ich liebe solche Instrumente. Ihre eigentliche Kraft liegt nicht in ihrem Klang, sondern in ihrem Verklingen. Nie ist auszumachen, wann ihr Ton endet. Denn sie klingt noch lange weiter, auch wenn du nichts mehr hörst. Dann höre ihrem Ton nach und begleite ihn weiter. Vielleicht denkst du dabei auch einmal so: Wenn der Ton meines Lebens ausklingt, dann will ich nicht nur das Ausklingen hören, ich will auch hören, wie er in einer fernen, wunderbaren Musik wieder einsetzt.

Da sein

Es gibt Übungen, deren Sinn es ist, ganz einfach nur »da zu sein«. Adesse, sagen die lateinischen Meister dazu. Sie wussten, dass unser erstes Menschenproblem nicht ist, ob Gott da sei oder nicht, sondern, ob wir selbst fähig seien, vor ihm da zu sein. Anwesend. Gegenwärtig. Ich deute das hier nur an.

Es geht, kurz gesagt, um das achtsame Wahrnehmen dessen, was uns begegnet. Um den Versuch, immer mehr zu sehen oder zu hören, was sich unserem ersten Blick verbirgt, bis wir lernen, durch die Dinge so hindurch zu sehen, dass wir das Ungesehene verstehen und am Ende vielleicht Dinge wahrnehmen, die in unserer sinnlichen Wahrnehmung sonst nicht erscheinen. Es geht um das Sehen von Verhülltem, Verdecktem, Verdrängtem, und um das Hören von lautlosen Stimmen bis tief hinein in die Möglichkeit der außersinnlichen Wahrnehmung.

Denn die Wahrheit ist nicht ein richtiger Satz, sondern ein Licht, das uns aufgehen muss. Man muss sie wahrnehmen, und sie bleibt Wahrheit solange, als wir sie wahr-geben. Wahrheit ist die Transparenz des Daseins und die Transparenz unseres eigenen

Wesens zugleich. Wahrheit ist die Helligkeit aller Dinge.

Unsere veränderte Weise zu denken

Zur Weise, wie wir heute denken wollen und können, gehört die Tatsache, dass wir am Ende der Neuzeit stehen. Bisher konnten wir meinen, die Naturwissenschaft schaffe die gültige Sicht auf den Kosmos, auf die Welt. Glauben könne man also deshalb allenfalls an das von ihr noch nicht Erforschte, das noch nicht Widerlegte. Aber die Physik hat uns als erste gezeigt, wie unausweichlich eine Wandlung des Denkens ist, wenn wir der Wirklichkeit entsprechend denken wollen. Und wir haben durch sie gelernt, feststehende Dinge wie die »Zeit« in ihrer Relativität zu erkennen. Komplementarität zu verstehen oder Unschärfe. Aus diesem Grund mehren sich gerade bei Naturwissenschaftlern die Zweifel an ihren eigenen Fähigkeiten. So sagte mir einmal ein Freund, der am CERN in Genf arbeitet: »Ich verstehe die Physik nicht. Und ich glaube auch nicht, dass es irgendjemand gibt, der sie versteht.«

Die Physik ist in einer sehr ernsten Wandlung begriffen. Und was wir in der Theologie sagen, wird sich dieser Wandlung anschließen, denn nach dem großen Paradigmenwechsel muss ohnedies alles neu entworfen werden, auch die Theologie.

Über die Neuzeit hin war man gewöhnt, sich vorzustellen, die Welt sei in Schichten aufgebaut und es gebe höhere und niedrigere Formen des Seins. Ganz oben aber stehe der Mensch. Heute sehen wir, dass es in der Natur Über- und Unterordnungen nicht gibt, sondern nur ein Netzwerk, in dem jedes mit jedem verbunden ist und jedes vom anderen abhängig. Und dass auch der Mensch nicht oben steht, sondern eingebunden ist in das große Netzwerk. Wenn wir heute von Menschenrechten reden, dürfen wir uns nicht wundern, wenn viele Völker rund um die Erde nicht verstehen, was wir mit den besonderen Rechten des Menschen meinen.

Oder wir waren gewöhnt anzunehmen, alles habe seine Ursache und jeder Vorgang habe Folgen. Aber die Quantenmechanik kennt auch ursachlose Vorgänge. Hat nun das kleinste Teilchen etwas wie Freiheit, sich zu entscheiden? Ist die Welt wirklich, wie man immer noch annimmt, ein berechenbarer Mechanismus?

Wir waren gewöhnt anzunehmen, im Lauf der Entwicklung der Wissenschaft werde uns klarer werden, wie unsere Welt funktioniert. Aber die Komplexität dessen, was ist, erweist sich, je tiefer wir in die Natur eindringen, als desto undurchdringlicher.

Wir waren gewöhnt anzunehmen, unser Verstand urteile objektiv und zutreffend über das, was er beobachtet. Wir haben immer mehr Grund zu der Annahme, dass unser Verstand das, was er sehen will, in die Natur hinaus verlegt, und dass er immer nur wieder sich selbst dabei begegnet.

Wir waren gewöhnt anzunehmen, wir müssten uns mit den Einzelteilen der Welt beschäftigen, um am Ende das Ganze zu verstehen. Inzwischen vermutet man, das Verstehen des Ganzen beginne keineswegs bei den Teilen, vielmehr beginne das Verstehen der Teile bei dem Erfassen des Ganzen. So kann man heute von Physikern hören, jede naturwissenschaftliche Erkenntnis sei im Grunde ein mystischer Vorgang.

Wir waren gewöhnt anzunehmen, Geist sei etwas gänzlich anderes als Materie. Wir ahnen heute, dass Geist immer nur im Zusammenhang mit Materie auftritt, ohne dass wir sagen könnten, was Materie ist. Und dass jedes Stück Materie irgendetwas mit Geist zu tun hat, ohne dass wir sagen könnten, was Geist ist.

Wir waren gewöhnt anzunehmen, in der Natur herrsche eine unverbrüchliche Ordnung, die sich in Gesetzen darstellen lasse. Wir sehen heute, dass die Weltentwicklung voll neuer Einfälle ist, dass Schöpfung also nichts ist, das einmal geschah, sondern dass die Phantasie, mit der die Schöpfung bis zum heutigen Tag weitergeht, unerschöpflich ist.

Es gibt Grenzgedanken des heutigen Nachdenkens über unsere Welt, die sich wie dichterische Aphorismen anhören und denen gerade die Protagonisten der heutigen Naturwissenschaft und Naturphilosophie zuneigen. So können wir hören oder in physikalischen Standardwerken nachlesen: Geist und Materie seien eine und dieselbe unbekannte Realität. Oder: Wir seien eingesponnen in ein Informationsfeld aus Bewusstsein und Natur. Oder: Niemand wisse, ob die Welt außerhalb unseres Bewusstseins real existiere. Oder: Vielleicht sei die Wirklichkeit nichts als ein ungeheurer Gedanke. Oder: Es müsse in allem, was wir für bewusstseinsfern halten, ein kosmisches Bewusstsein geben, das in allen Dingen wirkt. Oder: Könnte es nicht sein, dass in allen Dingen auch Freiheit wäre? Oder: Das Universum sei eine in einem Code abgefasste Nachricht, und die Menschen hätten die Aufgabe, diesen Code zu entschlüsseln. Das heißt: Wir werden immer nur unsere Deutung in der Hand haben und nie die Wirklichkeit selbst, sie ist zu komplex. Wirklichkeit gibt es für uns immer nur in Annäherungen.

Und noch poetischer: Wir hören: Nichts würde ruhen. Alles sei Bewegung. Aber es gäbe keine Objekte, die sich bewegen. Alles sei Tanz. Aber es gäbe keine Tänzer. Und wenn wir hören: Alles sei Klang – dann bewegen sich gerade die Nachdenklichen, die Vorausdenkenden unter den Naturwissenschaftlern in einer Sprache, die uns aus der mystischen Tradition vertraut ist. Und in der Tat: Zitate von Hildegard von Bingen, Meister Eckart oder den anderen ziehen sich überall durch die physikalische Literatur.

Ich füge das hier ein, weil uns daran liegen muss zu prüfen, wie selbstverständlich das heute so übliche eingefahrene, »bewährte« Denken der Theologie noch einem vergangenen Muster verpflichtet ist und was wir an unserem eigenen Nachdenken verändern müssen, wenn wir heute erklären wollen, was den christlichen Glauben auszeichnet.

III Der dritte Schritt: Sei anwesend. Schweige und lass geschehen, was geschehen will

Dieser dritte Schritt zielt auf unsere ungeteilte Anwesenheit dem gegenüber, was uns begegnen, was uns anreden will.

Unsere Seele hat eine leise Stimme. Sie will hörbar werden. Aber diese leise Stimme hören wir nur, wenn wir abseits gehen. Wenn wir, wie Jesus sagt, »die Tür schließen«. Die christliche Tradition spricht hier von »tacitas«. Wir reden nichts. Wir tun nichts. Wir nehmen nichts wahr. Wir sind zwar von Hause aus ein Gewirr von Empfindungen, Gefühlen, Wünschen, Ängsten und Widerständen. Dies alles erst einmal zum Schweigen zu bringen, ist eine lange und mühsame Arbeit. Aber wir wollen ja hören können, was uns gesagt wird. Mutter Teresa sagt: »Wenn du dich verändern willst, dann schweige.« Oder andere: »Höre auf den feinen Ton, der erklingt, wenn du nichts mehr hörst.«

Das ist heute ziemlich schwierig, denn wir leben in einer Zeit der bunten, schreienden, lärmenden Wörter. Getön umgibt uns, Gerede, Geschwätz. Dazwischen Information. Aufforderungen. Lügen. Halblügen. Viertelslügen, gemischt mit Viertelswahrheiten und Halbwahrheiten. Je tiefer diese Zeit der Massenmedien uns in ihre lärmenden Neuheiten zwingt, desto weniger wird die Wahrheit noch kenntlich, noch unterscheidbar sein.

Das Wort aber ist unentbehrlich. Ein Mensch lebt davon, dass jemand ihn hört, dass jemand mit ihm spricht. Es muss jemand da sein, der ihn hört und dann sagt: Ich verstehe dich. Ich vertraue dir. Du bist nicht allein. Ich will dir helfen. Wo das Wort abstirbt, stirbt der Mensch ab.

Das Wort aber lebt von seiner Freiheit. Wo es unfrei wird, verliert es seine Würde. Wo es dem Geld dienstbar wird oder der Macht, dem Zeitgeist oder den Überlieferungen, der Konfrontation oder dem Geschäftssinn. Die Dienstbarkeit des Wortes ist der Anfang der Lüge. Dabei hungern Millionen nach einem verlässlichen Wort. Das unsere sollte eines davon sein.

Ibn Ata Allah, ein islamischer Weiser, sagt:
»Wenn du jemand siehst,
der auf alles antwortet, was man ihn fragt,
der alles ausspricht, was er bemerkt,
oder der alles erzählt, was er gelernt hat,
so schließe daraus: Er ist ein Tor.«

Ein Wort zur Einübung des Schweigens könnte das folgende sein:
Schweigen möchte ich, Gott,
und auf dich warten.
Schweigen möchte ich, damit ich verstehe,
was in deiner Welt geschieht.
Schweigen möchte ich,
damit ich den Dingen nahe bin,
allen deinen Geschöpfen, und ihre Stimmen höre.

Ich möchte schweigen,
damit ich unter den vielen Stimmen
die deine erkenne.
Ich möchte schweigen und darüber staunen,
dass du für mich ein Wort hast.
Ich bin nicht wert, dass du zu mir kommst,
aber sprich nur ein Wort, so wird meine Seele gesund.

So tritt nun Gott gegenüber. Sage: »Ich weiß nicht, wer ich bin. Aber du weißt es. So zeige mir bei all dem, was ich da eingesammelt habe und was mir dabei entgangen ist, das, was mich, diesen einen Menschen, ausmacht.« So kannst du dich auf das Evangelium verlassen, das dir sagt: Du bist Gottes Kind. Gottes Tochter, Gottes Sohn. Nicht weniger. Nichts anderes. Du bist von ihm geschaffen mit all deinen Fehlern und Gebrechen. Mit allem, was an dir wert ist oder unwert. Aber du darfst dich darauf verlassen, dass es das ist, was Gott liebt. Du bist in seiner Liebe geborgen. Und du empfängst in der Stille, im Schweigen deiner Seele, die Zusicherung, dass du Gottes Kind bist. Und das allein macht dich am Ende aus.

Du lebst für dich selbst, für die Menschen um dich her und für Gott letztlich aus diesem einen Charakter als Kind Gottes. Tritt also Gott gegenüber und danke ihm, dass du so viel mehr bist, als du selbst von dir einsammeln konntest, und dass dieses Mehr das letztlich einzig Wichtige an dir ist.

Und lass geschehen, was dann geschehen will. An irgendeiner dieser vielen Stellen, die du in dir versammelt hast. Je vollständiger dieses Einsammeln geschehen ist, desto reicher wird dir dein eigener Mensch werden. Desto weniger wirst du ihn mit den einfachen Strichen nachzeichnen können, deren du fähig bist. Lass das alles gelten. Und sage zu Gott: Du weißt, was alles an mir ist, Gut und Böse, Licht und Dunkel, Klar und Verschwommen.

Greife ein, Gott,
in die Wirrnis unserer Seelen.
Löse das Erstarrte.
Mach uns lebendig,
die wir erstarren in Angst.
Gib Mut den Verzagten,
Hoffnung den Niedergeschlagenen,
Freiheit den Schuldigen,
Glauben allen, die sich nach Glauben sehnen.
Gib den Stummen ein Wort.
Den Liebenden ein Wort der Liebe.
Den Dankbaren ein Wort des Danks.
Den Wahrheitsuchenden ein Wort der Wahrheit.
Gib den Misstrauischen ein Wort des Vertrauens
und allen, die nicht wissen,
wie sie dich preisen sollen,
ein Wort, dich zu preisen, mein Gott.
Mache die Toten lebendig,

dass die Kraftlosen sich aufraffen,
die nicht stehen können, sich aufrichten,
die nicht gehen können, Schritte tun,
die keinen Weg wissen, den Weg finden,
den du zeigst.
Die keinen Sinn sehen, ihr Ziel schauen.

Bei allen Völkern der Erde und der Weltgeschichte dürfte es geistige oder spirituelle Wege gegeben haben, die den Menschen halfen, den Sinn ihres Daseins zu finden, Maßstäbe für ihr Handeln, Ordnungen für ihr gemeinsames Leben. Immer dürfte es Priester gegeben haben, die solche Wege fanden, und Lehrer, die sie Schritt für Schritt zeigten. Man konnte und kann auf solchen Wegen fortschreiten vom Anfänger zum Könner und zum Meister. Man suchte die Erleuchtung, die Schau Gottes oder die Einung mit Gott. Auch in der christlichen Geschichte gab und gibt es solche Wege vom schlichten Anfangsort des Unwissens zur Erleuchtung, vom Anfangsort des Ungenügens zur Vollkommenheit, von der Blindheit des Anfängers zur Schau Gottes.

Eine unter den Hauptlinien solcher Wege nennen wir »Meditation«. Und weil unter Christen durch lange Zeit »Meditation« kaum geübt worden ist, so wenden sich heute spirituell ausgehungerte Abendländer nach Osten und suchen im Tao, im Zen, im Yoga oder bei den Sufis Verinnerlichung, Sammlung und

Selbstgewissheit. Da aber nun die Tiefenpsychologie demselben spirituellen Defizit auf der Spur ist und die östlichen Wege tatsächlich auch für Abendländer gangbar sind, ergaben sich in den vergangenen Jahrzehnten viele Verbindungen von östlichen und westlichen, von religiösen und psychologisch geordneten Meditationswegen, die zu gehen durchaus sinnvoll und hilfreich sein kann. Und es ist schön, dass heute auch Christen von Japanern, Chinesen, Indern, Moslems und den Indianern Amerikas lernen können, was je der eine dem anderen weiterzugeben hat, und dass sie ihren christlichen Glauben dabei nicht verlieren müssen, sondern ihn vertiefen, neu verstehen und umsetzen können.

Vier besondere Schritte auf dem Weg der spirituellen Hingabe

IV Der vierte Schritt: Du schaffst dem eigenen Geist Raum und Kraft, indem du ihn dem größeren, dem göttlichen Geist öffnest

Der vierte Schritt ist nach alter Überlieferung der der »Meditation«. Der, wie die Tradition auch sagt, »cogitatio«, der den Sinn hat, das geistige Instrumentarium, das uns Menschen mitgegeben ist, in der Richtung auf eine religiöse Erfahrung funktionsfähig zu machen.

Hier beginnen wir nicht mit uns selbst, nicht mit den Gedanken, die uns selbst einfallen. Wir öffnen uns vielmehr den Stimmen, die uns etwas zu sagen haben. Wir lassen sie reden. Wir wählen uns etwas, das mit Gewissheit außerhalb von uns erdacht wurde, etwa einen der dichten, starken Texte, die uns überliefert sind, im Evangelium oder anderswo. Lesen ihn, hören ihn, denken ihm nach, durchqueren ihn mit unseren Gedanken vor und zurück und kreuz und quer und lassen uns von nichts abhalten, dies zu tun. Wir stellen uns vor, was er sagt. Wir beginnen vielleicht auch, mit ihm zu spielen, mit seinen verschiedenen Bedeutungen, Färbungen, Nuancen, und horchen auf das Echo, das dieses Wort in uns auslöst.

Dabei bleibt uns aber immer gegenwärtig, dass dieses Wort nicht von uns, sondern von jemand anderem gesprochen wurde, und zwar auf uns hin. Die Tradition spricht in diesem Zusammenhang vom »Verweilen«, vom Umhergehen in einem kleinen abgegrenzten Reich, und empfiehlt, über den Rand, den unser Wort, unser Text festlegt, an keiner Stelle hinauszugehen. Denn wir wollen uns nicht mit Allem und Jedem befassen, sondern nur von diesem bestimmten Gedanken bewohnt sein. Wir werden also einfach zuhören, geduldig und freundlich.

Das ist wichtig, denn in jedem Horchen auf eine fremde Erfahrung ist ein Faktor enthalten, den wir beachten müssen: die Gefahr unseres eigenen Rechthabens. Unseres Urteilenwollens. Wir werden also darauf achten, dass kein rasches Wort den Vorgang des Zuhörens vorzeitig abbricht. Wir werden alles ernstnehmen, was uns jemand erzählt, solange, bis uns klar wird, wo unsere Bedenken angezeigt sind. Und das gilt auch von unseren eigenen Einfällen, Erlebnissen und Erfahrungen. Auch fragwürdige oder täuschende Vorgänge können auf tiefere Ursachen zurückgehen. Eine psychologische Diagnose ist zunächst nichts weiter als eine Meinung. Die Wahrheit kann ganz anderswo sein, und es ist unendlich schwer, was einem anderen begegnet zur eigenen Begegnung zu machen. Wir wissen wirklich nichts. Und jede Erfahrung ist kostbar.

Was dieser Schritt auf unserem Weg uns bringen kann, ist die Offenheit dessen, der wenig weiß und sehr viel erwartet. Der sehr offen lässt, ob Gott nicht vielleicht doch ein redender Gott sei, ob er nicht tatsächlich fähig sei, mir selbst oder anderen ein Zeichen zu geben, ob es nicht geschehen könne, dass er mir oder anderen in den Weg tritt.

Aber dies wiederum ist nicht das Ganze. Kein

fremdes Wort ist von vornherein und bedingungslos eine Autorität, der wir uns fügen. Wir prüfen, was uns angeht und was nicht. Was ein Wort Jesu sein kann und was nicht. Was seinen Geist atmet und was nicht, auch aus den Meinungen und Deutungen jener ersten Autoren. Wir lassen uns von keinem angeblichen »Wort Gottes« das prüfende, kritische, selbstkritische Nachdenken abkaufen. Was uns nicht überzeugen kann, ist vielleicht nicht wahr genug. Wir sollen gesprächsbereit und selbstkritisch, aber unabhängig Klarheit schaffen. Unser Ziel muss ein Glaube sein, der weiß, was er glaubt, warum er gerade das glaubt, was er glaubt, und der zu unterscheiden weiß, ob ein Wort auf ihn zu oder an ihm vorbei ergeht. Und vor allem werden die Autorität und Vollmacht von Menschen uns nur angehen, wenn sie uns treffen. Wir werden auf eigenen Füßen stehen und uns nur dem, was uns überwindet, fügen.

Aber hier kommt es zu einer Gegenbewegung. Auch unser kritisches Nachdenken ist nicht das Einzige, das an geistiger Kraft im Universum am Werk ist. Wer dem geistigen Kosmos dieser Welt gerecht werden will, darf mit seinem Denken nicht zu schmal ansetzen. Es gibt ja nicht nur unseren kleinen Kopf. Es gibt vielerlei Denken überall in der Welt. Auch ein Hund denkt. Auf seine Weise. Jede Stubenfliege denkt. Die ganze Evolution des Lebens auf dieser Erde ist ein unerhört produktives, einfallsreiches und kenntnisreiches Nachdenken in allen Dingen. Überall ist Geist. Und es ist vielleicht doch erlaubt, diese überall wirksame Form des Geistes als den Geist Gottes zu beschreiben. In dem Maß, als wir uns auf die Spur dieses überall gegenwärtigen Gottesgeistes begeben, wird alles lebendiger, was in uns denkt.

Wie ist es denn bei uns selbst? Natürlich denkt unser Kopf, was wir selber denken wollen. Er denkt aber auch unabhängig von unserem Bewusstsein. Und wie ist das mit dem Organ, das wir unser »Herz« nennen? Wenn wir lieben, geht uns nicht nur unser Verstand verloren, es erwacht vielmehr ein anderes Denken, ein Denken des Herzens. Und das ist ein reiches, ein sehr differenziertes. Und wie steht es mit dem, was wir unsere Seele nennen? Unser Erfahren und Empfinden? Unsere künstlerische Intuition? Auch sie denkt, auf ihre Weise. Und wie steht es mit unseren Trieben, unseren Instinkten? Auch sie haben ihre eigene Weise, zu wollen und zu wirken und das heißt nachzudenken. Und am Ende: Wie steht es mit unserem Körper? Unser ganzer Körper ist ein unerhört kluges, geistiges Instrument. Und wenn er nicht seine eigene Weise hätte zu denken, zu wollen, zu erkennen und zu entscheiden, wären wir schnell am Ende. Nein, wir sind insgesamt, wir Menschen, ein kompliziertes geistiges Wesen, und wir wären schnell am Ende unserer Weisheit, wäre unser kleiner Kopf das einzige geistige Instrument in der Welt oder in uns selbst.

Wir sollen denken. Klar. Kritisch. Und wir sollten immer wissen, dass auch das Ahnen ein Nachdenken ist, das Hoffen, das Lieben, das Hören und Schauen. Darin wird sich das mystische Nachdenken vom rein rationalen Denken unterscheiden: dass es ungleich umfassender geschieht, ungleich vielfältiger, und dass wir von unserem Nachdenken ungleich mehr erwarten dürfen an Klarheit und Wahrheit.

Bin ich bis hierher gekommen, so werde ich viel offen halten, was immer sein und geschehen könnte. Ich werde von nichts sagen: Das ist unmöglich. Ich werde nichts festlegen, nichts ausschließen, nichts besser wissen. Ich werde bereit sein zu sagen: Ich verstehe es nicht, aber es mag wahr sein. Ich werde nichts diskriminieren, auch nicht mit den Mitteln religiöser Vorstellungen, auch nicht mit den Mitteln der Theologie. Ich werde offen sein allem gegenüber, das begegnen will, und es gelassen aufnehmen. Bereit, etwas kennen zu lernen, das mir bislang fremd und unbekannt ist. Und das aus dem einfachen Grund, weil unendlich mehr mir unbekannt ist, als was ich zu verstehen vermag.

Was ist nun aber das Charakteristische an dem Gottesbild, das der mystische Weg uns eröffnet? Es ist ein Bild in Gegensätzen. Die Mystik denkt nie einfach von Gott, sondern immer so, dass viel in Gott Raum hat, das nach unseren menschlichen Vorstellungen nicht zusammengesehen werden kann. Alles, was zu einfach ist, hat zu wenig Wahrheit.

Gott ist als eine Person zu denken, anzureden, zu hören, zu verstehen. Aber er ist mehr als nur das. Er ist auch ein allgegenwärtiges, alles erfüllendes Meer. Das bedeutet, dass es ebenso wahr ist, dass wir ihm gegenüber sind wie einem Du, wie dass wir in ihm sind, sozusagen in ihm schwimmen. Dass er in uns ist wie um uns her.

Und weiter: Gott ist uns Menschen unendlich fern, unerreichbar fremd und anders. Zugleich ist er unendlich nah, uns näher als wir uns selbst.

Und weiter: Gott ist die Fülle von allem, was ist, nichts kann gedacht werden, was nicht in ihm wäre. Zugleich kann nichts gedacht werden, was in ihm wäre und was ihm eigen wäre. So hören wir von Mystikern immer wieder den Satz: Gott ist das große Nichts. Ein Nichts für unseren Verstand.

Und weiter: Gott stellen wir uns immer irgendwie in der Höhe vor. Über uns. Stark. Überlegen. Mächtig. Aber die Tradition spricht auch davon, Gott sei in der Tiefe. Er sei machtlos. Er herrsche nicht über die Welt der Menschen, sondern leide an ihr, wie Christus an ihr gelitten hat.

Und weiter: Es ist uns vertraut, dass Gott das Licht ist. Das ist selbstverständlich und leicht zu verstehen. Aber die Mystik spricht auch davon, Gott sei gleichzeitig die abgründige Finsternis. Beides, das Heil und das Unheil lägen in ihm bereit. Wie es der Prophet Jesaja sagt: »Gott macht das Licht, und er schafft die Finsternis. Er gibt Frieden und schafft das Unheil. Alles bewirkt er.« Die geistige Einübung, die uns hier Not tut, ist die, Widersprüche, Gegensätze und Rätsel nicht zu fürchten.

Hier enden alle harmlosen, einfachen Gottesbilder. Alle Gegensätze, die wir Menschen zu denken vermögen, werden mitgedacht. Anders gibt es keine Gotteserkenntnis, die etwas von Wahrheit hätte. Wenn ich Gott auf irgendeine Weise beschreibe, werde ich also immer dazu sagen: Das ist wahr. Aber auch das Andere ist wahr. Und wie und was Gott ist, das ist mir unerreichbar. Ich werde am Ende bei dem sehr einfachen und erlösenden Bild Gottes ankommen: Ich habe, wie mir Jesus sagt, einen Vater im Himmel. Auf dieses Wort verlasse ich mich. Auf ihn baue ich mein Leben auf.

Am Ende meines Nachdenkens über Gott werde ich also sachgemäß urteilen: Ich weiß nichts. Ich kann mich nur seinen Gedanken aussetzen. Und wenn sie mich berühren, werde ich vielleicht in die Anfänge einer Gotteserfahrung gelangen.

Ein Mensch, nehmen wir an, macht die erregende oder beglückende Erfahrung, dass Gott zu ihm sprach. Wenn er dieser Erfahrung nun nachgeht, so wird er versuchen, für die Botschaft, die er empfangen hat, eine Deutung zu finden. Dass er danach unterscheidet zwischen seiner Erfahrung und seiner Deutung, ist der Anfang seines Weges zur Wahrheit. Aber was ist nun Wahrheit? Gehen wir vom Evangelium aus, so wird uns selbstverständlich sein, dass die Wahrheit Gott allein hat, besser: dass er sie allein ist und niemals ein Mensch sie für sich zu beanspruchen hat.

Der Anfang einer Begegnung mit der Wahrheit liegt in einer Erfahrung. In einer Erfahrung auf irgendeiner Ebene. Der sinnlichen. Der inneren. Der übersinnlichen. Wie immer. Aber was sich in dieser Erfahrung konstelliert, ist nicht die Wahrheit selbst, sondern immer nur die Erfahrung einer Wahrheit.

Diese Erfahrung will gedeutet, das heißt verstanden werden. Sie will so gefasst werden, dass sie weitergesagt werden kann. Sie muss sich herabstufen lassen in die übrige Erfahrungswelt des Hörenden. Sie muss herabgedeutet werden bis zu den vielleicht bescheidenen Verstehensmöglichkeiten, über die der Mensch verfügt, der sie empfängt.

Jede Religion, auch die christliche, sagt, was sie eröffne, sei die Wahrheit. Tritt aber nun Wahrheitsanspruch gegen Wahrheitsanspruch auf, so scheint mir dabei deutlich zu werden, dass die behaupteten Wahrheiten nicht die Wahrheit, sondern Deutungen einer Erfahrung von Wahrheit sind. Es steht also Deutung gegen Deutung und vielleicht Erfahrung gegen Erfahrung. Alle menschlichen Deutungen der Wahrheit aber sind gefärbt von der kulturellen Tradition, innerhalb deren ein Mensch seine Erfahrungen macht. Alle haben sie teil an den Entwicklungen, Veränderungen und Umschichtungen, die im Lauf der Geschichte mit den Menschen und ihren Deutungen geschehen. Alle sind sie des Gesprächs bedürftig. Alle spielen sie auf der Ebene der tastenden Versuche. Die Deutungen sind notwendig. Sie sind der einzige Durchblick durch die Landschaft der Erfahrung hinüber zur Wahrheit. Aber alles, was Christen verschieden sehen, auch alles, was die Konfessionen trennt, spielt auf der Ebene der Deutungen, nicht der Wahrheit oder der Unwahrheit. Die Deutungen können nie die gefährliche Rolle einer Grenze spielen, jenseits deren die Unwahrheit steht, die wir nun zu bekämpfen hätten.

Die Deutung rückt danach in die Bildersprache einer religiösen Überlieferung ein oder auch in die Originalität der Bildersprache eines besonders sensiblen Menschen. Sie wird zum Gebet, zum Hymnus, zum Ritual, zum praktischen Weg einer Gemeinschaft. Sie kann im äußersten Fall zum theologischen Satz werden. Sie kann verschieden ausfallen, verschiedene Menschen ansprechen, auf verschiedenem Niveau erfolgen. Mit verschiedenem Anspruch. Aber nichts, was wir religiös aussagen, geht über den Rang einer Deutung hinaus.

Ich werde also niemals einem Menschen, der andere Deutungen findet, weil er mit seiner Erfahrung anders umgeht, vorwerfen, er sei im Irrtum. Ich höre an meinem Platz das Wort des Mannes aus Nazaret und versuche, ihn zu verstehen. Ich stehe dabei aber nicht gegen den Glauben eines anderen Menschen, sondern immer im Gespräch mit ihm. Vielleicht werden sich im Gespräch beide Deutungen verändern, die seine und die meine.

Ist das aber so, so wird es dringend nötig sein, dass ein Mensch, der hören und sich einbringen soll, nicht nur hört und sich einbringt, sondern kritisch nachfragt, was denn nun gelten solle. Denn alle Deutung muss von Generation zu Generation vom einzelnen konkreten Menschen aus seiner eigenen Geschichte heraus neu geklärt werden, aus seinem eigenen Hören und Erfahren heraus. Er muss fragen dürfen, was denn nun das Eigentliche sei, das jeder praktizierten Religion Querstehende, das wir als die Offenbarung des wirklichen Gottes anerkennen können.

Dass die Kirche immer der Reform bedürfe, ist nur ein Teil der Konsequenz aus der Gesamterscheinung, die wir die Geschichte nennen. Auch dass es die »wahre Kirche« immer nur in der Form geben wird, wie eine Zeit und Kultur sie versteht. Dass also der Streit um die Wahrheit immer notwendig sein wird, dass er jedoch immer nur bis zu einer Wahrheit führen wird, wie der geschichtliche Augenblick und der kulturelle Ort einer Gemeinschaft von Menschen sie spiegelt. Und wie sie sich in einem bestimmten Augenblick der

Geschichte in eine Deutung fassen lässt. Von dieser Deutung wird es abhängen, ob die Menschen einer bestimmten Zeit ihren Weg finden und ihren Auftrag erfüllen können. Es ist darum notwendig, dass eine Gemeinschaft von Menschen wie die Kirche in Worte fasst, wie sie für ihre eigene Zeit ihre Erfahrung der Wahrheit deuten will. Dass ein Grundkonsens in Fragen ihres Redens und Begegnens gesucht wird. Und dass er gesucht wird immer unter dem Vorbehalt, dass, was einer sagen will, von seiner eigenen Welt- und Selbsterfahrung gedeckt wird.

Dabei geht es auch um den Frieden zwischen den Religionen der Welt, den sogenannten Hochreligionen und den sogenannten primitiven, um den Frieden zwischen den Konfessionen der Kirche und zwischen den Meinungen und Überzeugungen von uns Einzelnen. Diesen Frieden aber gilt es angesichts der heutigen Weltlage dringend einzuüben.

Wenn wir sagen, die Welt sei Wort, und wenn wir davon sprechen, wir hätten ihr mit unserem Gehör zugewandt zu sein, so spielt unser Grundverhältnis auf der Ebene des Hörens, auf der Ebene des Klingens und Sprechens und Antwortens. Die Bibel sagt aber auch das ganz Andere. Sie spricht von der Ebene des Schauens, der Ebene sehender Augen, der Ebene des Lichts als des Mediums zwischen Gott und Mensch.

Das Erste in der Schöpfung der Welt war nach dem alten Text, dass Gott sprach: »Es werde Licht«, und dass Licht wurde. Entsprechend sagte Jesus von sich selbst: »Ich bin das Licht der Welt.« Licht ist ein Medium für das Auge. Und der Epheserbrief beschreibt die Eigenart des christlichen Lebens so, dass er sagt:

»Ihr seid früher Finsternis gewesen.
Nun seid ihr, sofern ihr in Christus seid, Licht.
Lebt wie die Kinder des Lichts.«
(Epheser 5,8-9)

Was Christus an uns tun will, das ist unsere Erleuchtung. Der Sinn dieses Wortes von den »Kindern des Lichts« wurde mir klar, als ich mit Hirten in der arabischen Wüste in der nächtlichen Runde saß. Da wirbelten die Funken aus dem Feuer, wurden vom Wind ein Stück weit hoch getragen und verloschen in der Dunkelheit. Die Funken sind die »Söhne des Feuers«. Die »Kinder des Lichts«. So also sollen wir leben. Wir kommen aus dem Feuer, das Christus ist, und fliegen durch die Dunkelheit, bis wir verlöschen. Aber dieser kurze Flug ist nun ein weithin sichtbares Zeichen für das Feuer, aus dem wir kommen.

Hier spricht weder Demut noch Bescheidenheit. Hier spricht eine hoch gestimmte, von Ekstasen her kommende Gotteserfahrung, die alles Kleine, Vorläufige, Steckengebliebene hinter sich lässt und sich in

Gott hineinwirft. Sie geht nicht auf die Gnade zu und nicht auf das Licht, sie kommt von beidem her und spiegelt es herein in die Welt der Menschen.

Wenn Gott Licht ist, ist die Welt so, dass ich als Mensch in ihr leben kann. Sie akzeptieren, mich mit ihr aussöhnen, mich mit ihr anfreunden und ein Ja sprechen zu allem, was sie hat und birgt, was sie mir und meinen Kräften, auch meiner Leidensfähigkeit, zumutet. Ist Gott Licht, dann ist sie keine Ansammlung von unbegreiflichen Wirrnissen. Dann kann ich in dem Vertrauen leben, ich fände aus allen meinen Dunkelheiten doch immer wieder in einen hellen Tag. Das Ziel und der Sinn meines Daseins aber sei die ewige Klarheit Gottes.

Ist Gott Licht, dann ist er in allen Dingen dieser Welt. Dann leuchtet mir die Welt von innen. Dann leuchtet sie aus jedem Stein und jedem Grashalm. Dann leuchtet sie auch dem, der sie mit den Mitteln der Wissenschaft untersucht. Dann wird sie uns nah und vertraut werden, und wir werden etwas in sie einbringen können von uns selbst. Denn wir sind nicht nur die abgespaltenen Menschen in ihrer Fragwürdigkeit, wir sind die, die in allem, darum vor allem in Gott, zu Hause sind.

Der alte Kirchenvater Dionysius Areopagita sagt im 6. Jahrhundert:

»Nur weil Gott ist,
ist alles, was es ist.
Denn ohne ihn,
ohne die Einheit in den Dingen,
könnte nichts sein.
Ohne dass er von seinem Strahlen
bis zu uns hin
einen Abglanz leuchten lässt,
könnte nichts sein.
Oder anders gesagt:
In allem, was ist,
leuchten seine Strahlen.«

Damit sagen wir, Gotteserfahrung sei auch Gotteswahrnehmung, und erinnern an ein Wort von Friedrich Christoph Oetinger: »Das Korn der himmlischen Offenbarung wächst immer auf dem Halm der menschlichen Anschauung.«

Symeon sagt in einem Hymnus:
»Mein Gott, woher kommst du?
Wie kommst du in meine verschlossene Wohnung?
Seltsam ist es, es übersteigt Rede und Verstand.
Dass du plötzlich in meinem Innern dich niederlässt,
dass du aufleuchtest und als Licht erscheinst in mir

wie der hell blinkende Vollmond,
das macht mich sinnenlos und sprachlos, mein Gott.
Ich weiß, dass du es bist, der gekommen ist,
die zu erleuchten, die in der Finsternis sind.
Ich gerate außer mir und verliere Verstand
und Worte,
wenn ich das Wunder schaue, das mir fremd bleibt
und alle Wirklichkeit und alle Rede übersteigt.
Dein Geist schmückt die Seele
mit herrlichen Gewächsen:
Mit bunten, blühenden Blumen
und mit dem hellen Glanz deiner Gnade,
die alles, was in ihrem Garten lebt,
in Licht verwandelt.«

Wenn mir aber etwas dieser Art widerfährt, so tue ich gut daran, nun nicht zu erwarten, es werde jeden Tag und jede Stunde so sein und so bleiben. Ich werde mich auf den Augenblick vorbereiten, in dem mir all dies wie fremd wird, in dem es fern rückt. Seine Spürbarkeit verliert. Auch auf den Augenblick, da ich allein stehe, allein herumsuche nach dem, was ich doch gespürt habe. Auch auf die Stunden, die sich danach durch lange Zeiten meines Lebens ziehen können, nein, mit Sicherheit ziehen werden, in denen nichts zu spüren ist. Nichts zu gewinnen. Und alles wieder zu verlieren. Denn die Gnade, das Geschenk des Überwältigenden oder des Beglückenden ist an ihrem Vorüberwehen zu erkennen, an ihrem Kommen und Gehen, an ihrem souveränen Ankommen und Schwinden. Worauf es ankommt, ist die Treue meines Gedächtnisses, die Offenheit der Erwartung und die immer wache Gegenwärtigkeit meines Gespürs. Und irgendwann – wir reden davon, Gott sei »treu« – wird es wieder geschehen können.

Es ist eine seltsame Weisheit der Sprache, wenn sie von einem Geschehen als einem Ereignis spricht. Nach Auskunft des Duden kommt dieses Wort, »Ereignis«, von »Eräugnis«, also von dem Gedanken, ein Ereignis sei ein Vorgang für das Auge.

Ein Wort aus dem Chassidismus lautet:
»Wie die Hand vors Auge gehalten
den größten Berg verdeckt,
so deckt das kleine irdische Leben
dem Blick die ungeheuren Lichter und Geheimnisse,
deren die Welt voll ist.
Und wer es vor seinen Augen wegziehen kann,
wie man eine Hand wegzieht,
der schaut das große Leuchten des Welteninnern.«

Das also ist der Sinn meines Nachdenkens auf allen Ebenen, auf denen es sich begeben kann, die Gedanken mitzudenken, die das Dasein denkt. Die es denkt auch über mich und meine Bestimmung, und die mir zugänglich werden. Besser: Der Geist denkt, sodass dieses mein Denken an Weite gewinnt, an Spannung, an Gewicht, an Fülle.

Die vierte unter den Stufen dieses Meditationswegs ist also eine geistige Neuorientierung, die den Sinn hat, mehr Raum zu gewinnen. Es geht um die Einübung geistiger Freiheit. Freiheit aber ist nicht zu gewinnen durch die Konzentration auf das eigene Interesse, auch nicht durch ein Aufsuchen des angeblich stillen Innenraums der eigenen Seele. Freiheit in diesem Sinn meint offenes, selbstständiges Stehen zu einem ebenso offenen und freien Gegenüber. Der Mensch sieht selbst. Er hört selbst. Er steht aus dem Schweigen heraus als freier Mensch auf. Er hört und gibt seine Antwort. Und er bezieht sein Glück aus der Tatsache, dass ihm dieses Hören und Antwortgeben gelingt.

V Der fünfte Schritt: Du gewinnst für deinen Willen Freiheit, indem du ihn Jesus Christus und seinem Willen angleichst

Auf der fünften Stufe dieser Meditationsreihe des spirituellen Weges eines Christen gehe ich davon aus, dass Gott nicht in erster Linie eine bewahrende, vielmehr eine verändernde Kraft sei. Die Weltgeschichte sagt dasselbe. Nichts bleibt über längere Zeit, wie es ist. Alles entwickelt sich, verändert sich, erfährt Umbrüche und Neuanfänge. Alles wächst, erweitert sich, stirbt ab, entsteht neu.

Erfahrungen sind oft, wenn nicht immer, Impulse, die eine Veränderung irgendwelcher Art bewirken wollen. Wer eine Erfahrung macht, weiß unmittelbar, dass sie eine große Veränderung an ihm selbst will. Wer ein Wort hört, weiß sofort, dass er antworten muss, dass aber diese Antwort nicht aus dem Bestand dessen kommen kann, was er gestern gehört hat. Ein mich angehendes Wort geschieht in einem Augenblick und es will eine Antwort, wie sie mir die Stunde eingibt.

Es mag sein, dass mir eine Erfahrung zugespielt wird, die in mir einen Widerstand weckt. Sie ist zu undeutlich, sie fordert zu viel, sie fordert, was ich nicht will. Meine Antwort ist gehindert, sie ist von Vorurteilen oder Abwehr verbaut. Wie gehe ich damit um? Wie finde ich zu dem Ja, von dem ich weiß, dass ich es sprechen muss, will ich dem gerecht werden, was mir begegnet ist? Die Erfahrung läuft gegen meine Pläne, meinen Ehrgeiz, meine Ängste. Wie komme ich auf den Weg, den ich gehen soll?

Wie komme ich also dazu, ohne inneren Widerstand zu hören, was mir aus der Zukunft als Ruf oder Weisung entgegenkommt? Wie komme ich dazu, mich einem Versuch, einem Wagnis, einem Schritt ins Unbekannte anzuvertrauen? Die spirituelle Tradition des christlichen Glaubens kennt einen Schritt, den ich in meiner geistlichen Entwicklung tun muss, eine Anleitung, wie mit meinem eigenen Willen, meinem Beharren, meinem Verweigern achtsam umzugehen sei.

Ich sage also:
»Jesus Christus, ich klage dir, dass ich meine Freiheit suche, weil ich ein gefangener Mensch bin. Ich bin ein Knecht meiner hundert Ketten, darum hänge ich an meiner kleinen Freiheit.
Ich will leben, darum bin ich ein Gefangener meines eigenen Willens. Darum wehre ich mich. Darum entziehe ich mich dem, was Mühe macht.
Du hast deinen Willen hingegeben. Hilf mir, mit dir die Hände zu bieten dem, der sie binden will. Ich weiß, kein namenloses Schicksal und keine irdische Gewalt bindet sie. Der bindet, bist du allein.
Nicht, weil du mich bindest, vertraue ich dir, sondern weil du mich frei machst durch deinen Zugriff, sodass mein Wille sich einfügen kann in deinen großen Willen.«

Der fünfte Schritt: Nichts bewegt sich in uns. Weder Absichten noch Gedanken. Nur noch das Vertrauen, Gott sei uns nahe. Gott sei gegenwärtig. Wir selbst seien gegenwärtig vor ihm. Wir stehen Gott »leer« gegenüber. Leer von allem, was uns sonst bewegt und umtreibt. Wir warten nur noch auf das, was er uns geben wird, was er sagen will. Wir sind Empfangende, nichts sonst. Die lateinische Tradition spricht an dieser Stelle vom »vacare Deo«, dem Leersein für Gott. Von der reinen Offenheit für seine Anrede. Vom wehrlosen Empfangen. Vom Wiedervergessen alles dessen, was uns selbst ausmacht.

Johannes Tauler sagt: »Gott würde in dich kommen und deine Seele erfüllen, wenn er sie leer fände.«

Leer sein für Gott, das ist einer der wichtigsten Gedanken der spirituellen Meister. Und eine der schwersten Übungen innerhalb einer christlichen Meditation. Spirituelles Leben zielt weniger darauf, dass wir etwas als Gewinn einbringen – das steht ohnedies nicht in unserer Hand –, sondern darauf, dass wir sehr viel aufgeben, abgeben und weggeben. Spirituelles Leben gedeiht am genauesten in dem inneren Raum, in dem alles, was wir selbst sind, unwichtig wird.

Meister Eckart sagt:
»Du sollst wissen,
dass noch nie ein Mensch
so von sich gelassen hat,

dass ihm nicht eine noch größere Gelassenheit
möglich gewesen wäre.
Aber so vieler Dinge du dich
aus deinem Eigenen begibst,
mit so viel hält Gott Einzug in dir.
Du musst dich nur aller Dinge, die du hinter dir lässt,
redlich und vollkommen entäußert haben.
Damit fang an und lass es dich alles kosten,
was du nur aufzubringen vermagst.
So findest du den wahren Frieden
und nirgends sonst.«

So sagt der Christus-Hymnus in Philipper 2, Jesus habe »sich selbst leer gemacht«. Alles, was an ihm göttlich und groß war, habe er sozusagen »aus dem Haus geworfen«, das er selbst war, und habe dafür wie einen Gast den Auftrag in sich aufgenommen, ein Mensch zu sein wie andere Menschen. Später nahmen die geistlichen Lehrer und Lehrerinnen der mystischen Tradition diesen Gedanken auf. Sie sprachen auch von »Nichtigung unser selbst« oder von dem Nichts, das in uns sei und das wir seien. »Wer dir dein Nichts zeigen will«, sagt einer, »den nimm dankbar und freundlich auf, denn er erinnert dich daran, was du in Wahrheit bist: Nichts.«

Gerhard Tersteegen gibt diesem Schritt einen schlichten und genauen Ausdruck:

»Herr, lass schweigen, was du nicht selbst
in mir redest,
lass still stehen, was du nicht selbst bewegst,
nimm die Stelle ganz ein, die jetzt ich bin,
und tue in mir und durch mich, was dir gefällt.
Lass dieses Ich untergehen
und sei du allein alles in allem.
Führe so mich ganz aus mir selbst
und aus dem Meinen heraus in dich,
o mein Gott, mein Ursprung und mein Ziel.
So bin ich nicht mehr im Schein, sondern im Wesen,
von allem Übel erlöst und frei
und ehre und verherrliche dich allein.«

Ich sage also:

Ich bitte dich, Vater, gib mir Gelassenheit. Das ist die Kraft derer, die Frieden stiften. Und ich höre: Gelassenheit findest du, indem du dich lässt.

Ich lasse mich also dir. Du wirst dem Treiben und Drängen und aller Unrast ein Ende setzen.

Meinen Willen lasse ich dir. Ich glaube nicht mehr, dass ich selbst verantworten kann, was ich tue und was durch mich geschieht. Führe du mich und zeige mir deinen Willen.

Meine Gedanken lasse ich dir. Ich glaube nicht mehr, dass ich so klug bin, mich selbst zu verstehen, dieses ganze Leben oder die Menschen. Lehre mich deine Gedanken denken.

Meine Pläne lasse ich dir. Ich glaube nicht mehr, dass mein Leben seinen Sinn findet in dem, was ich erreiche von meinen Plänen. Ich vertraue mich deinem Plan an, denn du kennst mich.

Meine Furcht vor meinem eigenen Versagen lasse ich los. Ich brauche kein erfolgreicher Mensch zu sein, wenn ich ein gesegneter Mensch sein soll nach deinem Willen.

Alle ungelösten Fragen, alle Mühe mit mir selbst, alle verkrampften Hoffnungen lasse ich los. Ich gebe es auf, gegen verschlossene Türen zu rennen, und warte auf dich. Du wirst sie öffnen.

*

Noch einmal: Mache dich leer, wie Christus sich leer gemacht hat. Leer von allem, was an dir gut und richtig und schön ist. Leer auch von dem, was du dankbar von Gott angenommen hast. In diesem Augenblick der Leere ist nichts so wichtig, wie dass du weder an dein inneres Dunkel gebunden bleibst noch an dein inneres Licht, das du empfangen hast. So, dass du ganz in das Empfangen selbst eintrittst. Sage etwa so:

Alles, was geschieht, ist ein Geschenk für mich. Alle Wahrheit, die ich verstehe, ist ein Geschenk, alle Liebe, die ich gebe oder empfange, alle Lebenskraft, die mich erfüllt.

Alles, was mir zufällt, ist deine Gabe. Von wem sollte es mir zufallen?

Alles, was mir schwer aufliegt, ist dein Wille, für den ich dir danke. Wer sollte es mir auferlegen, wenn nicht du?

Was ich bin und habe, ist dein Wunder. Gott, ich danke dir, dass ich deinen Willen schaue, ich danke dir mit meinem ganzen Herzen.

Wenn du an dieser Stelle angekommen bist, dann bist du zugleich an der Stelle, an der du nun, kritisch dir selbst gegenüber, die ersten spirituellen Aufgaben übernehmen und anfassen kannst, die dir gesteckt sind.

Von dir, Bruder Jesus, empfange ich meinen Auftrag. Es ist der, den du mir vorsprichst. Du sagst:

»Der Geist Gottes ruht auf mir.
Einen Auftrag hat mir Gott gegeben,
eine Botschaft: Freude den Leidenden.
Er hat mich gesandt,
wunde Herzen zu verbinden,
Gefesselten die Erlösung zu bringen und zu rufen:
Jetzt ist die Stunde, da Gott hilft.
Die Trauernden soll ich trösten,
die in Trauerkleidern gehen,
in Festgewänder hüllen.
Den Schwermütigen,
die stumm sind in ihrem Leid,
soll ich ein Lied singen:
Lobgesang und Dank.«
(Lukas 4,18-19)

Diese Stufe der geistlichen Einübung, wie sie immer schon bedacht worden ist, heißt »conformitas voluntatis«. »Gleichgestaltung des Willens«. Sie meint den Versuch, unseren Willen umzuformen oder umformen zu lassen so, dass er dem Willen Gottes gemäß wird. Oder besser: Unseren Willen umformen zu lassen so, dass er Gottes Willen ausdrückt. Es geht darum, den Raum unseres Wollens zu weiten, ihm immer mehr Raum zu geben, bis er den universellen Willen Gottes zu fassen vermag. Wir werden also viel von unseren Meinungen, Bestrebungen oder Widerständen ablegen und nach dem fragen, was von uns erwartet wird. Wer eine Erfahrung gemacht hat, ist damit noch nicht fähig zu tun, was sie verlangt. Einer plötzlichen Erfahrung die angemessene existentielle Antwort zu geben, bedarf einer ganz und gar nicht selbstverständlichen Freiheit der Willenskräfte eines Menschen. Zu dieser Willensebene in uns zählen auch unsere Wünsche, unsere Absichten, unsere Vorlieben, unsere Triebe, Bedürfnisse und Widerstände jeder Art. Was aber haben wir dabei in der Hand, das wir für den Willen Gottes halten können? Woher wissen wir etwas über diesen rätselhaften Willen? Die Zehn Gebote sind es nicht. Unser eigenes Gewissen ist es nicht. Eine Hierarchie von Werten, christlichen Werten etwa, ist es nicht. Wer uns den Willen Gottes zeigt, kann für Christen nur Jesus sein, der ihn konkret macht durch sein eigenes Sein und Tun, der ihn konkret zeigt in dem Wort, das er zu den Menschen seines Landes gesagt hat. Aber dieser Wille Jesu ist weniger ein moralischer Wille. Jesus war an ganz anderem interessiert als an einer christlichen Moral. Im Ernstfall genügte für Jesus ein schlichtes Vertrauen, mit dem ein Mensch sich ihm hingab. Es ging ihm um die Liebeskraft, die sich mit der Liebe Gottes geeint hat. Er war das Modell dessen, was aus uns werden soll. Er stieg ab zu den Armen und den Leidenden seines Landes, und unten, auf Augenhöhe mit dem Leid, liebte er. Das ist das Muster, dem wir nachgeformt werden sollen.

Dabei werden wir die Erfahrung machen, dass wir auf diese Weise nicht etwa willensschwächer werden, sondern dass unser Wille dabei stärker wird, weil er nicht von einander widerstrebenden Kräften blockiert wird. Er lädt sich auf mit der Kraft des großen Willens Gottes. Wir verbrauchen unsere Kräfte nicht mehr im Widerstand gegen das Gesetz unseres eigenen Schicksals oder gegen Ordnungen und Gesetze, die das Leben uns vorzeichnet. Wir strömen, wenn uns das ein Stück weit gelungen ist, mit im großen Strom und tragen zu dieser Strömung die kleine Kraft bei, die uns mitgegeben ist.

Tun wir das, so werfen wir damit viel Last ab. Denn viel Last, die uns unser Leben auferlegt, hängt damit zusammen, dass wir unseren eigenen Bedürfnissen folgen. Viel Vergeblichkeit damit, dass unser Wille sich nicht durchzusetzen vermag. Viel Enttäuschung, wenn er versagt. Viel Leid, wenn er sich gegen uns wendet. Viel Verzweiflung, wenn er in eine Sackgasse geführt hat. Wer seinem Willen eine sinnvolle Richtung anweisen will, in die hinaus er wirken kann, muss seinen Willen zuerst einmal in den Hintergrund gestellt haben. Welcher Wille soll denn die Zukunft bestimmen? Der meine? Der der anderen? Der Wille der Macht? Der des Geldes? Der der Mehrheit? Oder vielleicht eher jener Wille, in dem der Lauf der Welt seinen Ursprung nahm? Jener Wille, der diesem Lauf der Welt eine sinnvolle Zielbestimmung mitgab? Wenn es einen solchen Willen gibt, ist die Antwort klar. Aber was soll dann noch der Wille, der in mir zur Tat drängt?

Die spirituelle Tradition spricht also davon, wir hätten unseren Willen umzuformen oder umformen zu lassen so, dass er dem Willen Gottes, genauer: dem Willen, der will, was wir wollen sollen, ähnlich wird.

Diese Eingleichung in den größeren Willen beginnt nahe bei uns selbst. Wir können dann Ja sagen zu uns selbst. Wir können den Menschen bejahen, der wir selbst sind. Wenn es Gott ist, der uns geschaffen hat, der unsere ganze Ahnengalerie gewollt und geprägt hat, dann drückt sich in uns sein Wille aus. Dann empfangen wir uns selbst aus seiner Hand mit allen unseren Kräften und Schwächen. Wir können nicht anders sein wollen, als er uns gewollt hat. Wir sehen aus, wie wir aussehen. Eine andere Gestalt haben wir nicht, und es nützt nichts, von einer Schönheit zu träumen, die uns vielleicht nicht mitgegeben ist. Er hat uns in unser bestimmtes Leben gestellt, und ein anderes haben wir nicht. Er hat uns unser Schicksal zugewiesen, und es nützt nichts, ein anderes zu wollen. Er hat uns mit bestimmten Begabungen ausgestattet, andere hat er uns vorenthalten. Wir wirken also mit unseren Gaben und klagen ihn nicht an derer wegen, die wir nicht haben. Er hat uns unsere Zeit gegeben und unsere Zeitgenossen, also träumen wir uns nicht zurück oder voraus in bessere Zeiten. Es gibt sie nicht. Oder besser: Er ist es, der sie nicht gibt.

Eingleichung in den Willen Gottes hat eine zweite Gestalt. Wir sagen zum Beispiel auch Ja zu den Lebensgesetzen, die in dieser Welt gelten. Es gibt nun einmal solche Gesetze. Wir können sie nicht verändern. Wenn uns die Nacht nicht gefällt, wir können sie nicht abschaffen. Wenn die Zeit kurz ist, wir können sie nicht dehnen. Wenn die Schwerkraft uns hindert zu fliegen, wir können sie nicht aufheben.

Eins zu werden mit dem Willen Gottes hat eine dritte Gestalt. Sie zeigt sich auch in unserer Bereitschaft, nicht zu tun, sondern geschehen zu lassen, was geschehen soll. Wir lassen also unseren Willen ruhen. Wir nehmen unsere kleine Freiheit zurück und geben sie ab um des größeren Gelingens willen. Wir werden dabei frei von viel Angst. Frei für die Weisheit, die in unserem Leben liegt und die uns führen könnte. Wir können das Leben nicht planen, nicht machen und nicht vorauswissen. Aber wenn wir unsere Pläne ruhen lassen, mag es geschehen, dass wir staunen über den Plan, der in unserem Leben sichtbar wird. Wir scheitern an einem Vorhaben und erkennen am Ende, dass es gut ist so, wie es kam. Wir kommen an Schmerz und Leid nicht vorbei, aber wir erfahren, dass es einen Weg gibt durch alles hindurch. Wir vertrauen, auch wo wir nicht verstehen.

Und noch ein Viertes: Vielleicht erkennen wir irgendwann, dass, was uns zustößt, eine deutliche Entsprechung in uns selbst hat. Was außen gelingen soll, muss innen beginnen. Was in uns selbst ist, zieht Ereignisse, die von außen kommen, an. Nichts gedeiht zwischen uns und den Menschen, das nicht in uns selbst angefangen hat zu gedeihen. Der Mensch und sein Schicksal sind eine Einheit, gleichsam ein zusammenhängendes Schwingungsfeld von Kräften, die vom Willen und Plan Gottes bewegt sind. Die treffen keineswegs »zufällig« aufeinander. Sie sind von vornherein etwas wie Bewegungen in einem Schwingungsmuster, in dem nur geschieht, was in ihm geschehen kann und soll. Für unseren Umgang mit unseren Erfahrungen bedeutet das, dass, was wir erfahren, uns immer nur zum Teil von außen trifft, und sehr viel von innen kommt, aus uns selbst, dass es also über die Welt, in der wir leben, wenig aussagt.

Allerdings muss ich zuerst einen klaren, eigenen Willen haben, um ihn abgeben zu können. Nur, wenn ich weiß, was ich will und was ich wollen soll, kann ich ihn zugunsten eines anderen Willens weglegen. Wir nehmen uns also Großes vor, aber wir nehmen uns nicht vor, wir müssten es vollenden. Wir brauchen nicht die Menschen zu Heiligen zu erziehen. Wir müssen nicht die Welt in das Reich Gottes verwandeln. Wir müssen selbst keine Heiligen werden. Wir lassen also unsere Sorge um das Künftige. Wir verzichten immer wieder darauf, etwas herbeizuzwingen. Wir greifen keiner Entwicklung voraus. Wir nehmen uns nicht vor, alle Welträtsel zu lösen. Wir brauchen nur mit dem Zeitmaß, das Gott uns vorgibt, das zu tragen und das zu tun, was uns zugemutet ist, und auf das gespannt zu sein, was vor uns liegt. Wir lassen dann und wann ein Geheimnis unergründet. Wir lassen dann und wann Widersprüche ungeklärt. Wir bleiben mit den kurzen Schritten, die unsere Beine uns gestatten, an unserem kleinen Ort und in unserer kleinen Zeit, also innerhalb dessen, was Gott in unseren wenigen Sommern durch uns bewegen will. Nicht aus Gleichgültigkeit, sondern darum, weil auf solche Weise, was Gott will, mit größerer Gewissheit erreicht werden kann.

Thomas von Kempen (1380-1471) sagt zu Gott:
»Gib, was du willst,
wie viel du willst und wann du willst.
Tu mit mir nach deinem Belieben
und wie es dir am besten gefällt,
so dass man dich erkennt an dem,
was du an mir tust.

Stelle mich hin, wo du willst,
und schalte frei mit mir in allen Stücken.
In deiner Hand bin ich.
Drehe und wende mich, wohin du willst.

Ich lebe aus deinem Willen.
Ich bin zu allem bereit.
Ich will nicht mir selbst leben, sondern dir,
und zwar ganz und gar
und so, wie es deiner würdig ist.«

Und da wird es geschehen, dass uns das Bild, das wir sehen, prägt. Wandelt. Klärt. Wir empfangen in dieser Betrachtung unsere eigene Gestalt, wie sie uns zugedacht ist. Ihre Freiheit. Ihre Kraft. Ihr Stehvermögen. Ihr Vertrauen und ihre Schönheit. Und wir lernen dabei, groß auch von uns selbst zu denken. Wir sind nicht nur miese Figuren. Das sind wir auch. Wir sind aber auch und vor allem Bilder Gottes. Töchter und Söhne Gottes. Im gleichen Sinn, in dem wir Jesus den »Sohn Gottes« nennen. Sein Maß gibt uns unser Maß.

Wie wir unsere Gestalt nach des Paulus Worten von der Gestalt des Christus empfangen.

Wir werden also fähig sein, Erfahrungen zu machen, die eine Wirklichkeit anzeigen. Wir werden etwas sehr Fremdes willig in unser Haus einlassen können. Etwas, das die Veränderung unserer Lebenspläne und Lebensabsichten fordert. Einen Wechsel der Blickrichtung. Einen Impuls, den wir ebenso wach und kritisch aufnehmen wie das fremde, andere Wort, von dem im vorigen Abschnitt die Rede war. Wir werden fähiger sein, Erfahrungen in praktische Schritte umzusetzen.

Gerhard Tersteegen betet:
»Gleichwie ein leichtes Blatt – also gelassen schwebet
in Gottes Luft mein willenloser Sinn.
Kein Wollen sonst in mir als Gottes Wollen lebet,
sein kleinster Wink bläst meinen Willen hin,
zu lassen und zu tun, zu leiden oder nicht.
Es ist mir alles eins, Herr, wenn dein Will' geschicht.«

Bruder Jesus, du zeigst uns unseren Weg in deinem Geschick. Dass unser Weg abwärts führen muss, sehen wir an dir. Das ist das eine. Unten sollen wir unseren Auftrag erfüllen.

Du liebtest. Das ist das zweite. Du sagst: Steige ab. Sei unten. Liebe dort ohne Bedingung und Gesetz. Und dann tu, was du willst. Es wird gut sein.

Arm sein vor Gott. Alles von ihm erwarten. Leid tragen mit der Kraft der Liebe. Geduldig sein und der Erde wohltun. Hungern und dürsten nach Gerechtigkeit. Reinen Herzens Gott schauen. Frieden schaffen. Um der Gerechtigkeit willen Verfolgung leiden. Das ist es, was zu gewinnen ist auf deinem Weg.

VI Der sechste Schritt: Du findest dich selbst, indem du von deinem Ich Abschied nimmst

»Wer sein Leben lieb hat, wird es verlieren«, sagt Jesus. Das heißt auch: Wem zu viel an seinem eigenen Ich gelegen ist, der wird sich selbst aus den Händen gleiten. Wer zu viel an seiner Vervollkommnung arbeitet, wird in der Verwirrung seines Zielbildes enden. Gerade für moderne Menschen, denen es so unendlich wichtig ist, sich zu finden und zu formen, ist das nur schwer begreiflich.

Sich selbst findet, wer von sich Abschied nimmt, – das ist einer der wichtigsten Sätze, wenn wir verstehen wollen, was denn eine christliche Meditation sei. Und vielleicht kommen wir dieser Eigenheit des christlichen Meditierens näher, wenn wir uns vorstellen, womit einer sich beschäftigt, während er meditiert. Nach christlicher Vorstellung ist das zunächst auf keinen Fall er selbst oder sein eigenes Stillwerden. Auch nicht der Umgang mit seiner eigenen Seele und ihren Erfahrungen, ihren Kämpfen, ihren Schwierigkeiten. Christliche Meditation ist vielmehr immer und immer wieder ein Verlassen des eigenen Innenraums. Ein Weggehen von allem, was wir sind. Und danach erst eine Wiederbegegnung mit uns selbst.

Die spirituelle Tradition sagt: Lass dein Ich hinter dir. Dein Ich täuscht sich, wenn es behauptet, es sei Du. Es ist nur deine Schale. Dein Panzer. Dein Mittel zur Selbstdurchsetzung. Dein Hilfsmittel, das dir helfen soll, dich in deiner Welt zurechtzufinden. Es ist ein Teil des Instrumentariums, das dir hilft zu überleben.

Unser Weg von uns selbst weg ist aber ein Suchen nach der Gestalt, die unser Leben annehmen soll. Wir finden dabei das wichtige, seltsame Gesetz der Spiegelung. Paulus sagt: Wir schauen Christus. Und wir verwandeln uns selbst in das, was wir schauen. Wir finden auch das wichtige Gesetz der Prägung: Es tritt ein Bild in uns ein, das uns diese Gestalt vorformt und uns ihr nachbildet, wie sie uns zugedacht ist. Und so meint es Johannes Gottfried Herder, der gesagt hat:

»Vergiss dein Ich!
Dich selbst verliere nie!«

Sich hingeben und lieben. Absteigen zu denen, die in irgendeiner Tiefe verfangen sind, und lieben. Das ist das Modell eines christlichen Lebensweges. Das ist, vor allem, die Ebene, auf der wir die wichtigsten unserer Erfahrungen machen werden.

»Willst du dahin gelangen, alles zu kosten,
so suche in nichts Genuss.
Willst du dahin gelangen, alles zu wissen,
behaupte in nichts, etwas zu wissen.
Willst du dahin gelangen, alles zu haben,
verlange in nichts, etwas zu besitzen;
willst du dahin gelangen, alles zu sein,
suche in nichts, etwas zu sein.«
Johannes vom Kreuz

»Wo gelangt denn der hin,
der in Gott hineinhofft,
wenn nicht in sein eigenes Nichts?
Wohin sollte der entschwinden,
wenn nicht dorthin, woher er kam?
Er kam ja aus Gott
und dem eigenen Nichts.
Darum kehrt zu Gott zurück,
wer ins Nichts zurückkehrt.«
Martin Luther

Eine reifere, eine klarere Gestalt sollen wir gewinnen. Wir brauchen nicht so klein zu bleiben, wie wir sind. Wir sind groß gedacht. Wir sind auf ein Zielbild hin angelegt, das schöner und stärker sein wird als unser gegenwärtiger Zustand.

Was also die Einübung in die Erfahrung betrifft, so wird es für uns gelten, unsere eigene Identität aus dem prägenden Gegenüber dessen zu gewinnen, was uns als das Bild Gottes gegenübertritt. Wir werden es in den Bildern unserer Erfahrung wiedererkennen, und es wird uns »erleuchten«.

Erleuchtung ist die Spiegelung einer Erfahrung von Licht. Alle Welt spricht von Erleuchtung. Alle Religionen kennen den gesteigerten Zustand des Weisen, des Heiligen, des erleuchteten Meisters. »Illuminatio« nennt es die Tradition. Auch die Bibel spricht davon. Aber was meint sie damit?

Was ist »Erleuchtung«? Stehen wir nun als »Erleuchtete« wie Straßenlaternen in der Dunkelheit? Sind wir eine Art von Scheinwerfern, die die Straße vor uns erleuchten? Die Bibel spricht anders: Gott ist das Licht. Wir sind sein Spiegel. Unser Gesicht wird hell durch das Licht, das uns trifft. Paulus deutet es auf Christus hin. Christus ist das Licht, und unser Gesicht wird hell, indem wir in diesem Licht stehen. Erleuchtung erreichen wir nicht, sie widerfährt uns. Wir sind nicht die Quellen von Licht, sondern seine Spiegel.

Paulus schreibt:
»Gott, der sprach:
Licht soll aus der Finsternis hervorleuchten,
ist als heller Schein in unserem Herzen aufgegangen
und hat uns erleuchtet,
so dass wir die göttliche Herrlichkeit erkennen,
die uns auf dem Angesicht von Jesus Christus
erscheint.«
(2. Korinther 4,4-6)

Erleuchtung ist also die doppelte Spiegelung des Lichts: einerseits des Lichts, das von Gott her das Angesicht Jesu Christi erhellt, andererseits die Spiegelung des Lichts, das auf dem Angesicht Jesu Christi erscheint, auf unser eigenes Gesicht hin:

»Gott erleuchte die Augen eures Herzens so,
dass ihr schauen könnt, was Gott für euch bereithält,
und welche Fülle von Licht sich in euch,
den Heiligen, spiegelt.«
(Epheser 1, 18)

Wer der aufgehenden Sonne entgegengeht, dessen Gestalt spiegelt ihre Helligkeit. Seine Stirn ist dem »Gestirn« zugewandt. Sie leuchtet. Dem »Erleuchteten« wird erkennbar, wer da vor ihm aufgeht. »Christus, erleuchte uns«, so betet die Kirche seit alters und spricht ihn an: »Sonne dieser Welt und der Welt, die kommt!« Und in diesem Licht offenbaren sich Wert und Unwert des Bestehenden ebenso wie Sinn und Bestimmung des Weges, den wir Menschen auf dieser Erde gehen sollen. Aber diese Helligkeit erscheint nicht nur unserem nachdenkenden Verstand, sie tagt auch in der Tiefe unserer Empfindungen und wirft ihren Schein auf alles, was wir schaffen und gestalten. Und wenn sie zu ihrem Ziel kommt, dann stehen alle unsere Kräfte, die bewussten und die unbewussten, die leiblichen, die seelischen, die geistigen und wie immer man sie bezeichnen will, in einem gemeinsamen Licht.

Hier geht es praktisch darum, dass wir endlich begreifen, gerade wir Protestanten, die immer dazu erzogen worden sind, gering von uns selbst zu denken, dass wir auf ein Zielbild hin angelegt sind, das schöner und reifer ist als unser gegenwärtiger Zustand. Paulus, auf den wir uns berufen, wenn wir sagen, wir seien »allzumal Sünder«, sagt auch etwas ganz anderes, zum Beispiel dies:

»Wir alle spiegeln in unserem freien
und offenen Gesicht
das Licht des Christus.
Er wandelt uns mehr und mehr in sein Ebenbild,
und wir werden durchscheinend für die Klarheit
Gottes.
Mehr und mehr wandelt er uns in sein Spiegelbild,
in die Lichtfülle, die aus Gott kommt.
Der das aber an uns bewirkt,
ist der Geist Gottes selbst.
Durch dieses Licht lassen wir uns wandeln
in sein Bild. Und zwar in Stufen.
Wir gehen also von einer Verwandlung
in immer helleres Licht in die nächste,
noch strahlendere Wandlung.«
(2. Korinther 3,18)

Mit all dem und noch viel anderem hat Paulus viel voraus gedacht, das die mystische Tradition später von ihm gelernt hat. Was Paulus sagt, gehört zu den kühnsten Gedanken des christlichen Glaubens, und es macht die Besonderheit dieses Glaubens aus, dass er sich mit weniger nicht begnügen will.

Die mystische Frömmigkeit wird oft dahingehend missverstanden, sie liebe das Dämmerlicht, das Dunkel gar, sie mache die Welt künstlich dunkel, auch wo sie für den normalen Menschen hell und klar sei. Aber die Zeugnisse der großen Mystiker sprechen eine andere Sprache. Dem religiösen Visionär ist der Tag nicht hell genug. Im Spiegel des Lichtes, das er eigentlich sucht, ist der Tag auf dieser Erde Dämmerung und ist der Weg des Menschen ein Weg durch die Nacht. Und wenn er ans wirkliche Licht gerät, spricht er von der »Überhelle« dieses Lichts. Er sagt, was wir mit unseren irdischen Augen nicht wahrnehmen können, weil es unserem Auge zu hell ist, sei das »göttliche Dunkel« oder das »überhelle Licht«.

Dieses überhelle Licht schaut Symeon, der Theologe, in einer seiner Hymnen:
»Ich weiß, dass du es bist, der gekommen ist,
die zu erleuchten, die in der Finsternis sind ...
Dein Geist schmückt die Seele
mit herrlichen Gewächsen:
mit bunten, blühenden Blumen
und mit dem hellen Glanz deiner Gnade,
die alles, was in ihrem Garten lebt,
in Licht verwandelt.«

Für Symeon ist alles Auge. Alles ist Schauen. Alles ist von Licht erfüllt. Was wahrgenommen wird, ist, anders als auf der Ebene des Wortes, nicht Abstand, Distanz, Überbrückung einer Ferne, sondern dichte Zugehörigkeit. Nicht Suche nach dem Frieden, sondern Friede. Es könnte für den Protestantismus ungemein hilfreich sein, er fände über seine ausschließlich auf Sprechen und Hören gerichtete Gottesvorstellung auch wieder zu dem ganz anderen Gottesbild, das die Bibel hat, wenn sie sagt: Gott ist Licht. Jesus ist nicht nur das Wort von Gott. Er ist das Licht der Welt. Der Geist spricht nicht nur – das tut er gewiss auch: Er zeigt, er öffnet. Er leuchtet. Er strahlt. Und Wahrheit ist nicht nur die Offenkundigkeit, die sich mit einem Wort zeigen lässt, Wahrheit ist die Offenheit aller Dinge. Wahrheit wird auch geschaut.

Meister Eckart sagt:
»Der äußere Mensch ist der alte Mensch,
der irdische Mensch, der Mensch dieser Welt,
der von Tag zu Tag älter wird.
Sein Ende ist der Tod.
Der innere Mensch auf der anderen Seite
ist der neue Mensch, der himmlische Mensch,
in dem Gott leuchtet.«

Oder die Bibel in Jesaja 60,1:
»Steh auf! Werde Licht!
Dein Licht kommt.
Das Licht Gottes geht über dir auf!«

Oder Jan van Ruysbroeck (1293-1381):
»Den Liebenden will Gott erwählen
in reiner Gnade und ihn zu sich holen.
Ihm wird im göttlichen Licht
die neue, überwesentliche Schau zuteil.«

Das Feuer ist da. Es will uns ergreifen. Wir werden seine Nahrung sein. Und in dem Maße, in dem wir bereit sind, ihm zur Nahrung zu dienen, werden wir selbst Licht sein. Denn das Feuer will uns nicht verzehren, um uns auszulöschen, sondern damit mehr Licht sei. Es ist zu wenig, sich von irgendwelchen irdischen Energien verzehren zu lassen, die am Ende nur verlöschen können. Es muss schon das ewige Licht sein, auch wenn es scheinen mag, als würde ich dabei gemindert, auch wenn es scheint, als brächte es mir nichts weiter als Mühe, Schwächung, Alter und Tod. Es wird mir das Aufglühen in dem großen, ewigen Licht Gottes bringen.

Denn wir, die Bewohner einer vergehenden Welt, wissen: Etwas Festliches bereitet sich vor. Wenn die Sonne aufgeht, tut sie es ohne Lärmen. In großer Stille schafft sie den neuen Tag. In ihrem großen Gesang nimmt sie die Vollendung vorweg, die unserer Welt bestimmt ist. Wir aber, die schauen und hören, erwarten die Stunde, in der wir durch das Licht hinübergehen in eine unendliche, eine erlöste Welt.

Ich höre deine Stimme, Gott,
aus Licht und Glut, Feuer und Brand.

Du sagst:
»Ich bin das Feuer,
aus dem die Welt hervorsprang.
Ich bin in den heißen Felsen der Wüste
und im brennenden Magma der Vulkane.
Ich bin in Fackel und Lampe.
In mir schmilzt das Erz und glüht der Ton der Gefäße.
Ich bin im Feuer unter dem Topf,
das aus dem Scheit leuchtet,
rot oder gelb oder orange.
Ich bin im Licht.
Ohne mich wächst kein Blatt.
Ich bin in dem brennenden Stoff,
aus dem deine Seele gemacht ist, deine Liebe,
deine Leidenschaft, deine Begeisterung.«

So weiß ich mich als Kind deines Lichts, o Gott.
Ich erkenne mich selbst
als einen Spiegel des Kleides,
das du, Gott, trägst, des Lichts.
Ich ging aus dir hervor, du Feuer.
Was an mir brennt, erzählt mir von dir.
Von deinen Gedanken, von deiner Weisheit,
von deiner Macht.
Ich bin in dir, und ich preise dich,
du naher, brennender Gott.

Die dritte Form christlicher Meditation ist der Weg, den Jesus Christus gegangen ist. Was ist damit gemeint? Das Evangelium beschreibt ihn verschieden.

Johannes sagt es in großer Einfachheit: Er kam von Gott, und er ging wieder zu Gott. Das ist sein Weg. Und er fügt an, der sei auf der richtigen Spur, der dies Einfache anerkennt: dass Jesus von Gott kam und zu Gott ging.

Paulus sagt es ein wenig ausführlicher. In seinem Brief an die Philipper lesen wir: »Er hatte göttlichen Rang. Er hielt aber seine Würde nicht fest. Er nahm die Gestalt eines Menschen an und wurde den Menschen gleich. Er erniedrigte sich selbst und wurde gehorsam bis zum Tode, ja, zum Tode am Kreuz. Aber Gott hat ihn erhöht. Er gab ihm die höchste Würde, die im Himmel und auf der Erde zu vergeben war, und alles, was lebt, soll ihm dienen und ihn verehren.« In den kurzen Gedanken, dass Jesus vom Vater kam und zum Vater ging, rückt also eine Andeutung seines irdischen Leidenswegs ein.

Aber sein »Weg« ist auch alles, was die Evangelien in großer Breite erzählen. Sie beginnen in Betlehem und Nazaret und mit dem Schicksal eines Flüchtlingskindes. Sie setzen nach einer Zeit von dreißig Jahren, aus denen wir fast nichts wissen, wieder ein mit der Begegnung zwischen Jesus und Johannes dem Täufer, mit der Berufung seiner Jünger und mit den Reden und Heilungen in Galiläa, mit der Auseinandersetzung mit Gegnern und Institutionen und schließen diesen Abschnitt seines Weges ab mit der Wanderung nach Jerusalem. Danach folgt ihre Schilderung seiner Passion und seines Todes. Sie schildern damit ein Schicksal, wie es vielen Großen dieser Erde in irgendeiner ähnlichen Form widerfahren ist. Auch der große islamische Mystiker Mansur al-Halladsch wurde gekreuzigt. Aber die Jünger setzen ihren Bericht fort damit, dass sie von seiner Auferstehung reden.

Die christliche Tradition hat daraus den kurzen Abschnitt einer Woche, der letzten, genommen und ihn zum eigentlichen »Weg«, der für Christen gelte, erklärt. Der Lebensweg Jesu wurde mit klarer Einseitigkeit zum Leidensweg der letzten Tage, zum »Kreuzweg«. Diesen Weg zu meditieren heißt seit vielen hundert Jahren die einzelnen Ereignisse dieser Woche nicht nur an sich vorüber, sondern durch sich selbst hindurchziehen zu lassen, sie mitzugehen in Gedanken und auf praktischen Wegen der Einübung. An Kirchenwänden entlang führt der »Kreuzweg«. Zu Kapellen auf irgendwelchen Bergen führt er hinauf, dargestellt in »Stationen«, das heißt in Darstellungen der einzelnen Ereignisse, vor denen der Gehende einen Augenblick stehenbleibt, betet und nachdenkt. Denn – das steht als Überzeugung hinter dieser alten Sitte – es wird für unseren eigenen Leidensweg, der uns eines Tages bevorstehen könnte, entscheidend sein, ob ein Leidensweg etwas Befreiendes, etwas Erlösendes, ja Heilendes an sich haben kann oder nicht. Ob einer da ist, der uns dabei begleitet oder vorausgeht. Ob dieser Weg auf einen Ostermorgen zuläuft oder nicht und ob dieses Leiden vielleicht gar für andere einen tröstlichen Sinn gewinnen kann.

Zu jeder Erfahrung irgendeines schweren Leidens gehört auch eine Erfahrung von Einsamkeit, in der uns kaum ein anderer begleiten kann. Es wird entscheidend sein, dass wir in ihr dem begegnen, der uns unser Geschick zumutet. Und so betrachten wir den leidenden Christus, der uns auf den schwersten Stücken unseres Lebensweges als Wegbruder begleitet. Der schmerzgequälte Ulrich von Hutten sagt in dem Gedicht von Conrad Ferdinand Meyer:

»Fernab der Welt. Im Reiche meines Blicks
an nackter Wand allein das Kruzifix.
In hellen Tagen liebt in Hof und Saal
ich nicht das Bild des Schmerzes und der Qual;
doch Qual und Schmerz ist auch ein irdisch Teil,
das wusste Christ und schuf am Kreuz das Heil.
Je länger ichs betrachte, wird die Last
mir abgenommen um die Hälfte fast,
denn statt des einen leiden unser zwei:
Mein dorngekrönter Bruder steht mir bei.«

Und ehe wir noch an den wirklich geistlichen Sinn eines stellvertretenden Leidens geraten, ist der dritte Grund, das Kreuz Christi zu betrachten, der, dass wir dabei vielleicht die Fähigkeit gewinnen zu trösten. Trösten heißt ja nicht, sagen: Es wird schon wieder werden. Es heißt wissen: Neben dir ist einer. Der hat ein Wort für dich. Zu dem kannst du reden. Dem darfst du ähnlich werden. Der zeigt dir den Sinn deines Weges. Der führt dich an dein Ziel. In ihm begegnest du dem rätselhaften Gott, der dir dein Leiden zumisst, wie einem Bruder. Trösten heißt unter Umständen, selbst als Gesunder, der gerade nicht zu leiden hat, die Rolle des Wegbruders Christus zu übernehmen.

Ich möchte also einen Kreuzweg vorschlagen. Vielleicht will ihn eines Tages ein Künstler, eine Künstlerin in dieser Abfolge in Stein hauen oder auf Tafeln malen, so, dass Menschen ihn auf irgendeine Weise mitgehen können. Hier will ich ihn nur beschreiben. Er gleicht nicht ganz denen, die wir gewöhnt sind, in Bildstöcken oder an den Wänden unserer Kirchen zu sehen, auch nicht dem, den die Pilger alljährlich in Jerusalem etwa durch die Via dolorosa zur Grabeskirche gehen.

Mein Kreuzweg ist anders aus zwei Gründen: Einmal hat der überlieferte Kreuzweg Einfügungen legendärer Art. Er schildert das dreimalige Fallen Jesu unter dem Kreuz. Und er bringt die Szene mit Veronika und ihrem Schweißtuch. Ich möchte mich aber an das halten, was das Evangelium berichtet. Zum anderen endet der Weg Jesu nicht mit dem Begräbnis. Er geht über in den Ostermorgen, und ohne dieses neue Ereignis kann der Kreuzweg seinen Sinn nicht zeigen. Und er geht weiter über den Abschied Jesu, den wir die Himmelfahrt nennen, bis zu jenem Pfingsttag, an dem die Kirche seinen Weg über diese Erde aufgenommen und fortgesetzt hat. Man spricht bei einem Kreuzweg, wie gesagt, von »Stationen«. In dem Ausdruck liegt das Wort »Stehen«. Das heißt: Es sind die Stellen, an denen einer stehenbleibt und betrachtet, was er sieht, und nachdenkt über das, was es ihm bedeutet. So schlage ich zwölf Stationen des Leidens vor, und nach ihm die drei Stationen, die von Ostern bis Pfingsten führen.

Ich gehe also in knapper Form diese fünfzehn Stationen entlang und nenne hier nur Stichworte:

Ich sehe eine erste Szene: die Salbung in Bethanien. Und ich lerne an ihr, mein Herz zu beteiligen an allem, was danach folgt. Es ist die Geschichte einer Verschwendung aus Liebe und aus Dankbarkeit einer Frau, und ein Bild für unsere eigene Hingabe an die Geschichte der Passion.

Ich sehe eine zweite Szene: den Einzug in Jerusalem. Eine Szene voll jubelnder Zustimmung und zugleich durch und durch geprägt von einem einzigen Missverständnis. Was wir in dieser Szene betrachten, ist nicht nur das Schicksal Jesu bis zum heutigen Tag, gerade von den Seinen missverstanden zu werden, sondern auch die Weise, wie wir selbst damit umgehen, dass man uns missversteht, und zwar womöglich auch mit der Zustimmung, die wir finden.

Eine dritte Szene: die Tempelreinigung. Jesus schafft das Geschäft aus dem Tempel um der Ehre Gottes willen. Aber was hat er damit bewirkt? Ich vermute, eine Stunde später ist das Geld wieder zusammengelesen und der Markt läuft unter dem Schutz der Tempelpolizei reibungslos weiter. Nur Jesus ist ins Unrecht gesetzt und sieht seiner Bestrafung entgegen. Wir kennen das: Nichts ist für Menschen, die ihr ganzes Herz einsetzen für das Notwendige, schrecklicher, als zu sehen, wie folgenlos alle Bemühungen bleiben. Die Tempelreinigung war berechtigt, sie war regelwidrig und sie war folgenlos. Das will ertragen sein.

Eine vierte Szene: Fußwaschung. Der die Autorität hat, beugt sich vor dem Abhängigen. Dem die Ehre zustünde, der begibt sich dorthin hinab, wo der Kampf um die oberen Plätze stattfindet. Frage: Kannst du das, etwas tun, das deiner Selbstachtung widerspricht? Dich unter die Menschen stellen, die so gerne über dir stehen. Also ein Bild abgeben für den Christus, der nur in seiner Niedrigkeit zu begreifen ist?

Eine fünfte Szene: Man begibt sich zu Tisch. Die Waschschüssel ist weggeräumt. Der Gastgeber nimmt ein Brot, bricht es und verteilt die Stücke an seine Tischgenossen. Sie müssen das Stück annehmen, das ihnen geboten wird. Sie müssen Empfangende sein. Ich weiß von mir selbst, dass jemand, der die Mittel hat, sich selbst zu kaufen, was er essen will, es nur begrenzt gern hat, wenn ein anderer ihn allzu sehr füttern will. Es geht gegen den Stolz. Es geht gegen ein tiefsitzendes Bedürfnis nach Unabhängigkeit. Und nun sollen die Gäste begreifen, dass sie hier nichts sind als Empfangende. Und was sie empfangen, ist nicht nur ein Brot oder ein Schluck Wein, sondern eine Lebenshingabe, die einer darbringt, weil sie es nötig haben.

Sechste Szene: Gethsemane. Dort verbraucht Christus seine Kraft nicht mit irgendeinem Widerstand gegen sein Schicksal, sondern bringt sie ein, indem er seinem Willen die Richtung gibt, die Gottes Wille vorzeichnet. Es ist dann für uns, die diese Geschichte mitvollziehen, nicht mehr wichtig, dass unsere Angst ihr Recht hat, und nicht, wie wir unsere Angst loswerden, sondern dass wir mitten in der Angst eins sind mit dem Willen Gottes und der Wille Gottes zu unserer eigenen Kraft wird.

Siebte Szene: Gefangennahme. Die Gewalt setzt sich durch, und es ist wichtig, dass der Wille dessen, der gefangen wird, sich zuvor in den größeren Willen eingebracht hat, ehe sich die Handschellen schließen. Denn man kann Freiheit keinem Gewalttäter opfern, sondern nur dem, der sie gegeben hat. In den gebundenen Händen des Mannes aus Nazaret ist darum allemal mehr Freiheit als in unserer freihändigen Geschäftigkeit.

Achte Szene: Jesus vor Kaiphas. Die Frage ist: Durch wen spricht Gott? Durch den Priester oder durch Jesus? Es geht ja nicht um Recht und Gerechtigkeit, sondern um die Nähe zu Gott. Und davon zu sprechen kann bitterer sein, als vor einem Gericht zu stehen. Die eigene Würde hängt daran, ob man so schutzlos von der Nähe Gottes reden kann und vielleicht muss. Wenn das Verletzlichste, das Heiligste, das einer in sich hat, in den Schmutz gezogen wird, dann steht Kaiphas vor uns.

Mir ging es so, als ich als junger Soldat den Hyperion von Friedrich Hölderlin las, ein Kamerad das Buch ergriff und unter dröhnendem Gelächter der Stube daraus vorlas. »Einige verdeckten ihm die Augen, schlugen in sein Gesicht und höhnten: Du bist doch ein Prophet! Sage uns, wer ist es, der dich eben schlug.« Man kommt sich leer und ausgeräumt vor. Und es ist doch noch lange nicht dasselbe, das Jesus vergeblich vor dem Ungeist zu schützen suchte.

Neunte Szene: Jesus vor Pilatus. Das Erstaunen des Pilatus richtete sich darauf, dass hier einer sein Recht nicht wahrnahm, nicht einmal das Recht, sich zu verteidigen. Und danach fragte er nach der Wahrheit. Aber die Wahrheit werden wir erst ergründen, wenn unser Recht uns unwichtig geworden ist. Und noch eins: Die einfache Lebenserfahrung, die sich mir durch

Jahrzehnte hin immer wieder bestätigt hat, ist, dass niemand sich selbst glaubwürdig verteidigen kann. Es muss immer einer da sein, der für ihn spricht. Achte also auf die Menschen, die deines stellvertretenden Handelns bedürfen. Du wirst bereit sein müssen, dich anklagen zu lassen und über das Unrecht, das dann dich trifft, zu schweigen, zu reden aber für den, dem Unrecht widerfährt.

Zehnte Szene: Geißelung. Ecce homo. Seht euch den Menschen an. Jesus sagt: Wer mich sieht, sieht den Vater. Den Gott der Leidenden. Seit Jesus brauchen wir nicht mehr dem Traumbild vom schönen, starken, attraktiven Menschen zu entsprechen, sondern eher schon ihm, dem verwundeten Menschen. Der verletzbare Mensch ist der eigentliche Mensch. Und das Bild des Menschen vor der Verletzung durch die Gewalt anderer Menschen zu bewahren, das wird zum Thema unseres Aufschreis angesichts der heutigen Welt.

Elfte Szene: Simon von Kyrene. Dem Mann passierte es, dass er ohne eigene Schuld in die Kolonne der Soldaten gepresst wurde, die die zum Tod Verurteilten zum Galgenplatz führte. »Da! Nimm das Holz!« Und er trug es für Jesus. Wenn du einen solchen Anruf hörst, dann fasse zu und sei dir nicht zu gut dazu. Dann sei ein Stellvertreter für die Schwäche derer, die unter dem öffentlichen Urteil stehen.

Zwölfte Szene: Kreuzigung. Drei Menschen hängen an drei Kreuzen, und allmählich, durch lange

Stunden entsetzlicher Schmerzen, kommt der Tod. Für den einen der schwarze Abgrund, für den zweiten eine schwache Hoffnung. Für den dritten, Jesus, als die schreckliche Erkenntnis, Gott, den er liebte und auf den er sich verließ, habe ihn verlassen. Die Frage »Warum?« bleibt ohne Antwort.

Das kann jeder erfahren, der lange genug an einem Bett gesessen hat, in dem ein gequälter Mensch, nach Luft ringend, Tag um Tag mit dem Tod ringt. Das Bild des Gekreuzigten ist ja so wirklich wie für die ungezählten Menschen, die in ihrer Qual gerade nicht umkommen, sondern Tag und Nacht von ihr neu gequält werden. So dass du fragst: Was tut denn dieser Gott den Menschen an! Was gibt ihm das Recht, Menschen so zu erniedrigen, so um ihre Würde zu bringen? Es kann auch etwas wie Hass gegen Gott dabei in dir hochkommen. Und vielleicht verstehst du von da aus das Wort besser: Lasst euch mit Gott versöhnen! Legt allen Hass auf die Seite, auch den gegen Gott, und findet Frieden mitten in dem unbegreiflichen Geschehen, das zweifellos von Gott kommt.

Das Kreuz steht genau an dieser Stelle. Was wissen wir denn? Nichts. Unser Trost ist, dass wir sagen können: Wir werden wissen. Gott gebe, dass wir wissen werden. Ja, irgendwie werden wir wissen. Und es wird alles gut sein.

Dreizehnte Station: Auferstehung. Die Augen gehen auf. Der Hintergrund der Welt öffnet sich für einen Augenblick. Sie hören ein Wort von jenseits des Todes. Gottes Wille. Jesu Hände sind frei. Sein Recht ist gewahrt. Das Bild seines Leidens bleibt bei den Menschen als Trost auf ihrem Weg. Nichts ist mehr so endgültig, wie es scheinen mag. Unser Weg geht weiter.

Wer in den Tag hinein lebt, lebt gefährlich, sagt man. Aber lebe du fröhlich in den Tag hinein, der Ostern heißt. Er beginnt mitten in der Nacht. Auch in der Nacht der Irrlichter, die uns heute umschwirren. Und du wirst ihm begegnen. Er wird dir begegnen. Incognito. Als irgendwer. Und er macht dir deinen Weg frei.

Vierzehnte Station: Himmelfahrt. Verabschiedung auf dem Berg. Eingang in den Himmel. Himmel ist ein Ausdruck für die überlegene Gegenwärtigkeit Gottes in dieser Welt. Christus hat nun teil an dieser universellen Gegenwärtigkeit. Was er in dem kleinen Umkreis von Galiläa und Jerusalem gesagt und getan hat, bekommt Bedeutung für die Welt. Um uns Menschen her also bildet sich eine Welt, die nicht fremd ist und nicht feindlich, sondern so vertraut, wie sie Jesus war und wie sie uns werden kann, die wir ihn kennen. Es ist eine Welt, die wir lieben können und schützen und in seinem Namen gestalten. Diese Erde wird, was sie von Anfang an sein sollte: Heimat der Kinder Gottes. Haus des Vaters.

Und fünfzehnte Station: Pfingsten. Ein verschlossenes Zimmer, in dem die Angst sitzt. Angst vor den

Stiefeln der Gewalttäter draußen auf der Straße. Wir kennen das. Aber dann ein hereinbrechender Sturm. Einbrechendes Feuer. Begeisterung, Gewissheit. Und Sprache, die ausruft, was da geschieht. Was geschieht? Menschen empfangen Gottes Geist. Sie haben plötzlich etwas zu sagen. Etwas, das die übrigen Menschen angeht. Offenbarung Gottes geschieht durch den Mund von Menschen. Und der Weg dieser Menschen durch ihre enge und bedrohliche Welt wird zu einem Weg des Wirkens, der Freude und des gewaltfreien, leidensbereiten Mutes. Sie gehören zusammen. Sie sind das, was wir »Kirche« nennen.

Was Kirche heute sei, das wagen wir ja kaum mehr zu sagen, zu sehr hat uns die sichtbare Gestalt dieser Kirche den Mut genommen. Kirche – das sind wir alle. Kirche – das ist, sagt Paulus, der sichtbare Leib des Christus. Sie handelt für ihn. Sie zeigt ihn, und sie soll sich durch die Enttäuschungen, die sie mit sich selbst erleidet, nicht diesen Mut abkaufen lassen. Wir sind Christus, denn wir sind miteinander die Kirche. Und hier, in diesem Bewusstsein, endet der Kreuzweg, den wir in dieser Kirche und miteinander gehen. Das Kreuz redet weiter. Es sagt: Nimm dieses Zeichen ganz in dich auf. Wisse: In Gott ist eine große Liebe, die begegnet mir, wo immer ich stehe. Ich erzähle von der Schuld, vom Leid und vom Tod und davon, dass alle drei überwunden sind.

Was nun ist der Ertrag dieser dreifachen Meditation des Wortes, der Gestalt und des Weges Jesu? Es ist die Fähigkeit, sich selbst leicht zu nehmen. Gilbert Keith Chesterton sagt: »Warum können die Engel fliegen? Weil sie sich leicht nehmen.«

Es gibt im Neuen Testament eine Stelle, die beschreibt, was geschieht, wo einer von sich selbst gering denkt und sich hingibt an das, was ihm aufgetragen ist. Es ist der Christus-Hymnus in Philipper 2. Dort heißt es:

»Christus war göttlich wie Gott.
Aber er hielt das Vorrecht, Gott gleich zu sein,
nicht fest.
Er legte es ab, nahm die Gestalt eines Knechts an
und wurde ein Mensch unter Menschen.«

Was wir heute mit »er legte es ab« meinen, übersetzte Luther mit »er ent-äußerte sich selbst«, im ursprünglichen griechischen Text heißt es wörtlich: Er machte sich selbst leer. Er räumte sich aus. Alles, was an ihm göttlich groß war, warf er sozusagen aus dem Haus, das er selbst war, und nahm dafür wie einen Gast, der ihm zugewiesen war, seinen Auftrag in sich auf: nämlich den, ein Mensch zu sein. Und nun meint Paulus, der diesen starken Ausdruck vom »Sich selbst ausräumen« gebraucht, dies sei das Muster, nach dem wir Christen leben und handeln sollten.

Man könnte auch sagen: Die Frucht solcher Meditation ist die, dass wir fähig werden, uns selbst loszulassen in dem Sinn, wie Georges Bernanos in seinem »Tagebuch eines Landpfarrers« den todkranken Seelsorger niederkritzeln lässt: »Ich bin mit mir selbst versöhnt, versöhnt mit dieser armen sterblichen Hülle. Es ist leichter, als man glaubt, sich zu hassen. Die Gnade besteht darin, dass man sich vergisst. Wenn aber aller Stolz in uns gestorben wäre, wäre die Gnade der Gnaden, sich selbst demütig zu lieben als irgendeinen, wenn auch noch so unwesentlichen Teil der leidenden Glieder Christi.«

Man könnte auch sagen: Die Frucht solcher Meditation ist ganz anders, gegensätzlich, die Fähigkeit, auf seinen Füßen zu stehen. Der Anruf dieser Meditation ist also: Liege nicht herum. Steh auf. Wie Jesus zu dem Gelähmten sagt: Steh auf.

Wenn du dich aufrichtest, dann heißt das nicht: Du sollst dich überfordern oder überschätzen. Du brauchst nur der oder die zu sein, der oder die du wirklich bist. Du musst die Wahrheit nicht erfinden, du brauchst ihr nur deine Stimme zu geben. Du brauchst die Liebe Gottes nicht aufzubringen, du darfst ihr nur kein Hindernis sein. Du musst nichts vollenden, aber den Anfang musst du geschehen lassen. Du lebst von dem weg, was du bist, auf das zu, was du sein wirst. Was du sein wirst in den Augen Gottes.

Heilung in diesem Sinn kann bedeuten, dass die Füße Kraft bekommen zu stehen. Die Hände Kraft, zu schaffen und zu segnen. Die Augen Kraft zu sehen, was Menschen brauchen, und die Ohren die Zartheit, das Leise, das kaum Ausgesprochene zu vernehmen. Es bedeutet, dass in uns Frieden einkehrt und wir nicht nur fähig werden, andere glücklich zu machen, sondern auch, es selbst zu sein. Frei. Aufgerichtet. Im Bewusstsein unserer Menschenwürde zu leben. Der aufrechte Stand und der aufrechte Gang zeigen die Heilung an.

Richte dich also auf und glaube an deinen Glauben, wie du an deine Liebe glaubst, auch wenn du für beides keine Beweise hast. Glaube daran, dass dein Ja zu deinem Dasein, zu deinem Schicksal, zu dir selbst Ausdruck deines Glaubens ist, auch wenn es dir nicht täglich gelingt. Und glaube, dass dies eine glaubwürdige Weise ist, ein Christ zu sein. Richte dich also aus deinen Depressionen und Mutlosigkeiten auf und nimm deinen Weg und Auftrag an. Was du dann tust, das wird in aller Schwachheit deine Antwort an Gott sein.

Jede Religion, die überhaupt spirituelle Wege anweist, ist der anderen darin ähnlich. »Abgeschiedenheit« sagen die einen, »Gelassenheit« die anderen, »Leersein«, »Nichts werden«, »Vernichtigung« wieder andere. Dieser Zustand aber ist mehr als nur ein inneres oder äußeres Ruhen, er ist die Fähigkeit, von sich selbst Abstand zu nehmen, auf sich selbst und seinen Beitrag zu verzichten, seine Leistung zu vergessen, und sie ist – ganz am Ende – die Fähigkeit, in Gelassenheit und Vertrauen zu sterben.

Aber was ist das Besondere am Meditieren von Christen? Im Grunde ist es einfach. Wir Christen sehen uns nicht selbst in der Mitte unserer Bemühungen. Wir gehen auch nicht unmittelbar auf Gott zu. Dazu wissen wir zu viel von der Selbstbestätigung und Ichbezogenheit, die unseren Weg zu uns selbst unfruchtbar oder gar sinnwidrig machen. Und dazu wissen wir auch zu viel von unseren eigenen frommen Bedürfnissen und Wünschen, aus denen sich manches Bild von Gott zusammensetzt. Wir treten also einen kleinen Schritt aus uns selbst zur Seite und orientieren uns an der Gestalt dessen, nach dessen Namen wir heißen. Und wir zielen nicht ganz so weit, dass wir im ersten Anlauf bis zu Gott hinkämen, sondern nehmen, was wir von Gott erfassen möchten, von Jesus ab.

Christliche Meditation setzt ein, wenn es um dreierlei geht: Erstens um das Wort, das Jesus Christus gesprochen hat oder das über ihn gesagt wurde. Zweitens um die Gestalt dieses Mannes. Drittens um den Weg, den er gegangen ist. Und das Ziel ist wiederum dreierlei: Dass erstens der Meditierende selbst zu einem Wort, zu einer Stimme wird. Zweitens, dass die Gestalt dieses Jesus Christus ihn prägt, und drittens, dass er, indem er jenen Weg betrachtet, seinen eigenen Weg findet.

In einer ersten Form von Meditation werden wir also ein Wort hören und nachsprechen, das er gesagt hat, oder ein Wort, das über ihn erzählt, oder ein Wort, das zu beschreiben versucht, wer oder was er ist. So zum Beispiel ein Wort, das er selbst gesagt hat: »Ihr sollt euch nicht sorgen.« Ein Wort, das von ihm erzählt: »Und Jesus kam in eine Synagoge und fand dort einen Mann ...« Ein Wort, mit dem er sich selbst bezeichnet: »Ich bin das Licht der Welt.« Oder ein Wort, mit dem einer seiner Zeugen ausspricht, was Jesus Christus ihm sei: »Jesus Christus ist Herr.« Diese Worte liegen nicht auf derselben Ebene, und sie wollen auf verschiedene Weise meditiert werden.

Aber vorläufiges Ziel solcher Einübung ins Hören ist, dass wir von unseren eigenen Gedanken frei werden und einem Wort begegnen, das nicht aus uns selbst kommt. Mithin einem Wort, hinter dem allmählich die Stimme Gottes hörbar werden kann, und das dabei uns selbst umwandelt aus einem Hörer in einen Sprecher, das uns also zu einer Stimme macht, zu einem »Wort«.

In der zweiten Form solcher Meditation werden wir versuchen, die Gestalt des Mannes wahrzunehmen, der diese Worte sagt. Da wir kein Bild von ihm besitzen und keine Personenbeschreibung, werden wir unser Bild selbst vor unserem geistigen Auge formen so, wie es unserer Vorstellungskraft möglich ist. Der Arzt wird vor uns stehen, der Prediger, der Meister, der Ratgeber, der Bruder, der Fremde, der Merkwürdige, der Kämpfer, der Leidende, der Wehrlose, der Sterbende und wer er immer sei. Und wir werden dabei hören, was Paulus über die Gestalt des Christus sagt: Dass sie nämlich einerseits die prägende Kraft sei, die uns zu unserer eigenen Gestalt verhelfe. Dass wir andererseits hinter ihr ahnen können, wer und welcher Art Gott sei. Dass wir also ein Bild von Gott gewinnen, das uns durch die Gestalt des Christus hindurch erscheint und in das wir selbst – Paulus sagt es tatsächlich so! – umgeformt, umgewandelt werden sollen. Das ist nicht die versponnene Idee eines Außenseiters, sondern die klare Meinung des wichtigsten Interpreten des christlichen Glaubens: Die Ikone Gottes ist Jesus. Die Ikone dieses Jesus sind wir. Und auf diese Weise werden wir selbst zu einem Bild Gottes.

In der dritten Form dieser Meditation begleiten wir Jesus auf seinem Weg und suchen das Besondere dieses Weges zu verstehen. Wir gehen mit ihm durch Galiläa und nach Jerusalem, durch die Tage der Passion bis in den Morgen der Auferstehung. Wir versuchen den Sinn dieses Weges in seiner rätselhaften Erfolglosigkeit zu verstehen und unseren eigenen inneren und äußeren Weg im Zusammenhang mit diesem, seinem Weg zu bedenken. Der Christusweg wird uns nicht nur dem näher bringen, was mit ihm gemeint war, sondern auch unserem eigenen Weg. Und wir werden dabei beginnen zu ahnen, was für ein Weg uns selbst zugemutet oder freigegeben ist und was mit ihm gemeint sein kann.

Also zunächst: Die Meditation eines Wortes.

Jesus sagt dazu: »Wenn ihr in dem Wort wohnt, das ich euch gesagt habe, so seid ihr in Wahrheit meine Jünger.« Das Wort also ist das Haus, das wir bewohnen und das uns bleibt, wenn alles andere um uns her uns zur Fremde wird.

Aber es geht in der Konsequenz dieses Gedankens nicht nur darum, ein Wort zu hören, sondern darum, ein Wort zu werden. Das heißt: Du brauchst dich nicht im Gehäuse deiner Seele zu verbarrikadieren. Du kannst die Tür aufmachen und heraustreten. Du kannst reden. Du kannst hören. Du kannst sehen. Du kannst dich beteiligen am Leben anderer Menschen. Vielleicht hast du sogar etwas zu sagen, das ihnen hilft oder sie tröstet.

Und umgekehrt: Die anderen sehen an dir einen Menschen, der sie nicht täuscht. Der sich so gibt, wie er ist. Den man also verstehen kann. Dessen Wesen offen liegt. Dessen Leben also nicht stumm ist, sondern »spricht«. Gelingt dir das, so bist du auf dem Weg, ein Wort nicht nur zu sagen, sondern zu sein. Eine Stimme zu sein, die den anderen erreicht. Eine Stelle in der Welt zu sein, an der die Menschen nicht einsam und verlassen zu sein brauchen, sondern von einem Wort erreicht werden, von dir. Du bist ein Wort.

Wenn also von Gott her ein Wort ergeht, dann wird es in uns Menschen wirksam werden. Wir werden dabei selbst zu einem offenen Fenster, wie es Jesus von sich selbst sagt mit dem Wort: »Ich bin die Wahrheit.« Die Kirche aber ist eine Gemeinschaft von Menschen, von denen jeder damit rechnet, dass er eines Tages zu einem Wort wird für einen anderen, und damit, dass ein anderer ihm begegnet, der zu einem Wort wird für ihn selbst. Das heißt nicht, dass du ein Wort würdest, das auf ewig und für alle gilt. Du kannst in einer bestimmten Stunde und für bestimmte Menschen zu einem Wort werden, oder du sollst doch wenigstens in die Nähe dessen kommen, was an dir »Wort« wäre.

Von Jesus wird erzählt, er habe die Stummen geheilt dadurch, dass er sie ansprach. Es ist also gemeint, er habe ihre Zungen gelöst, indem er sprach. Es sei das Wort, das das Wort weckt. Es ist also der Anruf, der dich ins Freie herausruft, so, dass du ohne Beengung, ohne Angst, ohne Vorsichtsmaßnahmen mit dem ans Licht treten kannst, was dir als dein Wort anvertraut ist, so, dass du am Ende selbst zum Wort geworden bist.

Eine zweite besondere Form christlicher Meditation ist, sagte ich, die Betrachtung der Gestalt von Jesus Christus.

Der Meditation eines Christen sind Geschichten vorgegeben, in denen immer wieder jener Eine, der vor zweitausend Jahren gelebt hat, die Hauptrolle spielt. Er redet. Er diskutiert. Er heilt. Er steht da, unverwechselbar und doch sehr fremd.

Wenn wir diese Geschichten bedenken, sehen wir ihn vor uns. Nein, wir sehen ihn nicht. Wir haben kein Bild von ihm, keine Beschreibung seiner Erscheinung. Wir hören nur, was über ihn berichtet wird. Und doch ist in unserer ganzen Kultur kaum etwas so allgegenwärtig wie sein Bild, oder besser: die vielen Bilder, die man von ihm gemacht hat.

Was sehen wir denn von ihm? Wir sehen den Einladenden. Den, der ruft: Kommt her, ihr Beladenen. Den Heilenden. Er erscheint in seinen eigenen Gleichnissen als der Hirte, als der König, als der Hausherr. Wir konstruieren unser Bild von Christus, wie es auch die Kunstgeschichte getan hat.

Immer wieder hat die christliche Kunst der letzten zwei Jahrtausende solche große »Ikonen« hervorgebracht. Mit Ikone meine ich hier nicht die russischen Bildtafeln mit ihrem Glanz und ihrer Tiefe, sondern viel allgemeiner die großen Entwürfe der Christusbilder, wie sie Giotto di Bondone oder Duccio di Buoninsegna, Rogier van der Weyden oder Hieronymus Bosch uns vor Augen gestellt haben. Es ist immer ein großer Christus und ein großer Versuch, ihm gerecht zu werden, wenn wir unter Ikonen Bilder verstehen, die eine große Wahrheit oder eine nicht darstellbare Wirklichkeit ahnbar werden lassen.

Und so entsteht die Ikone vom Kind in der Krippe, vom Kind auf dem Arm seiner Mutter. Vom Mann, der im Wasser des Jordan steht, die Taube des Geistes über sich. Von jenem schlichten Wanderprediger, der irgendwo zwischen den Menschen steht, den Kranken und den Gesunden, den Willigen und den Unbereiten, und der sagt, tut, zeigt, was seines Auftrags ist. Da steht vor uns der Kämpfer für Gerechtigkeit und Frieden, kompromisslos, sich den Missverständnissen aussetzend, zu dieser Arbeit Freunde berufend, Jünger. Da steht der bejubelte König vor der Stadt, zieht ein auf einem Esel. Da sitzt Jesus beim heiligen Mahl, austeilend. Liegt auf den Knien in Gethsemane, steht vor seinen Richtern, trägt das Kreuz aus der Stadt, hängt am Kreuz und wird begraben. Das Bild des Leidenden, des Gottverlassenen, des Sterbenden, des Toten. Da steht er zwischen den Gräbern am Ostermorgen. Der Überwinder, der Grenzgänger, der Vorausgänger. Da thront der kosmische Christus auf dem Regenbogen, zwischen den vier Tieren, verborgen in aller Schöpfung gegenwärtig. Das Geheimnis der Schöpfung überhaupt.

Indem wir solche Christusgestalten betrachten, prüfend betrachten, erinnern wir uns an das bedeutsame Wort des Paulus, es komme darauf an zu schauen, denn was wir schauten, in das würden wir uns verwandeln. Oder das an die Galater: Der gekreuzigte Christus ist euch vor Augen gemalt worden, damit durch den Geist Gottes etwas Verwandelndes an euch geschieht. Wir sind offenbar dazu berufen, die Gestalt des Christus nicht nur zu sehen, sondern dabei etwas Christusgemäßes in uns aufzunehmen, etwas Christusgemäßes zu werden, und zwar in der besonderen Form, die uns in unserer Situation und in unserer Art gemäß ist.

Den ersten Christen wurde Jesus Christus zur Chiffre Gottes. Und sie sagten: Gott ist uns gegenüber, wir sehen ihn im Gesicht dieses Jesus Christus. Er redet uns an, und wir hören seine Stimme in der Stimme dieses Jesus Christus. Hier hat die Stimme Gottes eine menschliche Gestalt. Indem ich sie schaue, schaue ich, durch sie hindurch, Gott. Und wer ist Gott? Gott ist Licht. Er ist Licht auch in mir. Wenn Gott also in mir aufgeht wie die Sonne am Morgen, dann erwacht in mir der neue Mensch, der ich in Ewigkeit sein werde. Und wer bin dann ich? Wenn ich von der Gegenwart Gottes in meiner Seele her neu aufgebaut werde, dann kann ich mir etwas zutrauen. Ich kann etwas tun. Ich bin ein freier Mensch. Ich werde dabei auf eine eigentümliche Weise grenzenlos. Meine Welt wird größer und freier. Ich weiß mich gesehen und gehalten und geschützt. Viel Selbstsicherung wird entbehrlich. Ich werde selbst für andere erträglich. Meine Unzufriedenheit mit mir selbst wandelt sich in Güte mir selbst gegenüber.

Dschelaleddin Rumi (1207-1273), wohl der größte islamische Mystiker, hat gesagt:
»Nicht was Jesus sagte oder tat, ist das Wunder.
Das Wunder Jesu ist er selbst.«

Und wir können von uns selbst weitersprechen, indem wir sagen:
Nicht was wir sagen oder tun
oder was wir beschreiben, ist das Wunder.
Das Wunder Gottes sind wir selbst.

Wir treten also in der Gestalt, die Jesus Christus uns verleiht, an die Seite der Verletzten, der Verspotteten, der Geschlagenen. Wir sind keine Heroen, keine St. Michaels oder St. Georgs, die für Gott oder für das Gute oder für die Wahrheit kämpfen, sondern wir werden zu Bildern für Christus. Und auf diesem Wege finden wir, gnadenhaft, unsere eigene Gestalt.

VII Der siebte Schritt: Du lässt dich von Christus prägen, du ruhst in der Kontemplation

Das Ziel vieler und der entscheidenden Meditationswege liegt in der eigentümlichen Erfahrung, die wir »Kontemplation« nennen. Wir könnten auch sagen: in der Stille der Gegenwärtigkeit Gottes, der Ruhe in Gott. Aber das wäre nicht das Ganze und nicht das Besondere. »Kontemplation ist ein verborgenes, friedvolles und liebeerfülltes Einströmen Gottes«, sagt Johannes vom Kreuz.

Im Wort Kontemplation liegt das Wort »Tempel«. Und »Tempel« ist für die alte Welt, aus der das Wort stammt, etwas sehr Verschiedenartiges und hat mehrere Bedeutungsebenen. Es ist zunächst nicht ein Bauwerk gemeint, wie es bei uns üblich ist. Gemeint ist ursprünglich ein bestimmter, ausgemessener und abgegrenzter Bezirk am Sternenhimmel. Ein bestimmtes Sternbild oder eine Gruppe von Sternbildern. Die römischen Auguren lasen dort ihre Deutungen für bestimmte Vorkommnisse auf der Erde ab, ihre Ratschläge an die politische Führung, ihre Aussagen über die Zukunft, die ihrer Stadt oder ihrem Volk bevorstand. Siege oder Katastrophen. Die Sterndeuter der ältesten Zeit taten das in den meisten Religionen und Kulturen. Sie gewannen, indem sie jenen bestimmten Ausschnitt aus den Bildern des Sternhimmels beobachteten, vor allem die Bewegung der Planeten, ihre Einsicht in die höhere, die göttliche Ordnung, die ihnen als Maß galt für den Willen Gottes und für das angemessene Handeln und Verhalten der Menschen auf der Erde. Damit nun diese göttliche Ordnung auf der Erde anschaulich wurde, damit sie ihre Geltung durchsetzte, grenzten sie auf der Erde einen entsprechenden heiligen Bezirk ab, einen »Temenos«. Dem lag die uralte esoterische Weisheit zugrunde: »Wie oben – so unten«. Die meinte: Da das Obere und das Untere auf das Dichteste ineinander verwoben sind, kann auf der einen Seite von dem, was auf der Erde vor unseren Augen liegt, auf die obere, die göttliche Welt und ihre Gesetze geschlossen werden, und kann auf der anderen Seite das Gesetz des Himmels auf der Erde angewendet werden, kann es zum Maß werden für das, was auf der Erde gut und richtig ist. Auf dem Weg von unten nach oben gewinnen wir Einsicht in das Übersinnliche, auf dem Weg von oben nach unten gewinnt unser Handeln auf der Erde sein Maß. Denn auf allen Ebenen der Wirklichkeit gilt dasselbe Gesetz. Alles hat überall seine Entsprechung. Die Welt zerfällt nicht in eine gute und eine böse Welt, nicht in eine lichte obere und eine finstere untere Welt, sie ist eine einzige durch alle ihre Schichten hindurch. Im Grund liegt hier schon begründet, was wir heute eine »holistische« Weltsicht nennen.

Da nun der Bezirk am Himmel auf der Erde nachgezeichnet war, hieß »Tempel« auch »Aussichtsplatz«, Höhe, Anhöhe, Beobachtungsplatz, Ort der Schau, Platz des Priesters, der den Himmel beobachtet, auch Gesichtsfeld. Wenn der Lateiner sagte: »alles ist Tempel«, dann sprach er vom Weltall als ganzem. Vom weiten Raum, vom All, in dem alles zusammengehörte und zusammenstimmte. Wenn er von den »templa mentis« sprach, also den Tempeln im Inneren des Menschen, meinte er die Verwobenheit von allem, was das Herz oder den Geist des Menschen erfüllte, mit dem Ganzen der Welt. Und so hängt, wie schon angedeutet, das lateinische Wort Tempel auch zusammen mit dem griechischen »Temenos«, das einen wohlabgemessenen heiligen Bezirk meinte und danach auch eine besondere, abgemessene heilige Zeit.

Erst später wurde das Wort Tempel auch zum Ausdruck für ein Gebäude, in dem auf der Erde gefeiert wurde, was man am Himmel sah, nämlich die Zusammengehörigkeit von göttlicher und menschlicher Welt. Die Anfangssilbe »Kon« bedeutet »Zusammen«. Kontemplation also meint die Zusammenführung von etwas scheinbar Getrenntem, von Himmel und Erde, meint die Schau der Ganzheit und der Sinnfülle, meint Gott und Mensch in ihrer dichten Verbindung. Die Welt besteht in einem Einvernehmen zwischen Gott und Mensch, Gott und allen Mächten des Schicksals und der Geschichte mit dem Menschen. Und dahinter liegt als nicht ausgesprochene Selbstverständlichkeit: Alles ist gut, wie es auch sei. Wenn wir das Ganze schauen könnten, wüssten wir es.

In der römischen Antike, aus der so viel ins Christentum eingeflossen ist, war der Tempel das Haus für ein Bild der Gottheit. Im innersten Raum meist stand es, als Pfahl oder als Stein, als primitive Plastik oder als letzterreichbares Kunstwerk. Dass der Mensch das Recht oder den Auftrag habe, seine Gottheit so abzubilden, zeigte ein Zeichen auf der Schwelle: Dort war oft ein Achsenkreuz eingeritzt oder eingezeichnet, aufgemalt oder gekerbt, so, wie wir es noch heute am Aesculaptempel in Lambaesis sehen. Dieses Kreuz verband die Gottheit mit der Stadt. Es war das Muster für die Anlage des Grundrisses des Gemeinwesens. Die Längsachse hieß der Decumanus, die Querachse hieß der Cardo. Dabei gilt der Cardo, der die Schwelle entlangläuft, als die Weltachse, um die sich alles dreht, auch die Symmetrieachse zwischen göttlicher Gegenwart und realer Gestalt der menschlichen Ansiedlung. Die beiden Achsen bedeuten das Feststehende und das Bewegende. Die Kreuzform verbindet das Obere und das Untere in einer lebendigen Spiegelung. Und es ist sehr begreiflich, dass das lateinische (†) und das griechische (+) in der Bildsprache der alten Christenheit nicht das Kreuz abbildeten, das auf Golgatha stand. Das hatte die Form eines »T«. Dass das christliche Grundsymbol zu einem »Kreuz« wurde, hängt sicher mit der alten Vorstellung von jenem Kreuz zusammen, das auf der Schwelle der Tempel die göttliche Welt mit der menschlichen zur Einheit verband, und nicht so sehr mit dem Hinrichtungsinstrument, dem »Pfahl«.

Dieser Grundgedanke der Entsprechung von oben und unten erscheint in gleicher Weise auch in der Bibel. So in der Mosegeschichte. Es wird erzählt, als Mose vierzig Tage auf dem Heiligen Berg gewesen sei, habe ihm Gott das Bild eines Zelttempels gezeigt und ihm gesagt, dies sei das Vorbild, nach dem er im Tal unten ein Zeltheiligtum bauen solle:

»Genau nach dem Bild, das ich dir von meinem Heiligtum und seinem ganzen Gerät zeige, sollt ihr es bauen« (2. Mose 25,9). Und noch einmal, als die einzelnen Gerätschaften beschrieben werden: »Sieh zu, dass du alles machst nach dem Bild, das dir auf dem Berg gezeigt wurde« (2. Mose 25,40). Und noch einmal, als der Altar beschrieben wurde, »ein Kasten von Brettern, innen hohl«, wird ihm eingeschärft: »So, wie er dir auf dem Berg gezeigt wurde« (2. Mose 27,8).

Und es ist keinesfalls ein davon zu unterscheidender Vorgang, wenn Mose zugleich auch das Gesetz dort oben empfing, das für das Volk im Tal gelten sollte, die »Zehn Gebote« oder das »Zehnwort«. Die äußere kultische Ordnung und das Gesetz, das für das Handeln der Menschen gelten sollte, gehörten eng zusammen. Wenn aber Paulus sagt: »Der Tempel Gottes ist heilig – der seid ihr!« (1. Korinther 3,16-17), dann sagt er das im Zusammenhang seiner Gedanken vom »Geist Gottes«, der ein absteigender Geist ist, der vom Himmel auf die Erde kommt und dort die Gestalt eines Tempels, die Gestalt glaubender Menschen annimmt.

Kontemplation also hängt für Christen eng zusammen mit dem Einströmen des Gottesgeistes in den menschlichen Geist. Sie meint den Vorgang, dass der menschliche Geist sich neu ordnet nach der Maßgabe des Gottesgeistes, das menschliche Herz nach dem Herzen Gottes. Und die Übung der Kontemplation besteht in dem Bemühen des Menschen, in sich selbst alles so zu ordnen, wie es ihm von Gott, von oben her, gezeigt wurde. Das verbindende Glied aber, sozusagen das Kreuz auf der Schwelle, ist Christus, der von sich selbst sagt, er sei »von oben her«. Sein Reich sei nicht von dieser Welt. Sein Auftrag aber sei der, in dieser Welt für die Wahrheit zu zeugen.

Johannes vom Kreuz schreibt: »In der Nacht des Geistes leitet Gott den Menschen auf einem anderen, durchaus verschiedenen Weg, dem der Kontemplation. Man muss dem Inneren die entspannte Ruhe zugestehen, auch wenn man überzeugt ist, die Zeit im Nichtstun zu verlieren. Das Einzige, was man in diesem Zustand tun kann, ist dies: Man soll das Innere frei lassen von Wahrnehmungen und Gedanken, Meditationen und Erwägungen und sich ausschließlich hingeben an ein liebevolles und friedvolles Innewerden Gottes.«

Wir sprachen davon, wir sollten versuchen, unseren Willen dem Willen Gottes anzugleichen oder nachzuformen. Dieser Versuch wäre zum Verzweifeln hoffnungslos, hätten wir ihn mit unseren eigenen Kräften anzustellen und durchzuhalten. Wie aber kann er zum Ziel führen? Wie kann er gelingen?

Die Meister der mystischen Tradition sagen: Er kann gelingen, wenn wir »uns lassen«. Wenn wir gerade alle Mühe aufgeben und uns völlig passiv dem ausliefern, was von Gott her an uns geschehen will. Da beschäftigt uns nicht mehr das »Untere«, da lassen wir uns vielmehr vom »Oberen« erfüllen. Da wenden wir uns nicht mehr dem Kleinen, etwa unserer kleinen Einzelgestalt zu, sondern dem Umfassenden, in dem wir stehen. Da stehen wir nicht mehr in unserer eigenen Mitte, es ist vielmehr die reine Gegenwärtigkeit Gottes, die uns erfüllt.

Kontemplation ist also etwas anderes als Meditation, die im Hören und Nachsprechen, im Aufnehmen und Nachdenken besteht, und etwas anderes als das Gebet, mit dem wir uns an Gott wenden. Sie ist die vollkommene Ruhe unseres Gegenwärtigseins vor Gott. Sie beginnt damit, dass du dir, so umfassend du es vermagst, die dichten Zusammenhänge vorstellst, die zwischen Gott und unserer Welt, zwischen Gott und dir selbst, zwischen der Welt und dir bestehen. Dass du mit deinem kleinen Leben dich ganz einfügst in eine Welt der überall vernetzten Zusammenhänge, eine Welt, in der es Grenzen nicht gibt, wie es in einem großen Organismus nichts geben kann, das aus sich selbst lebt. Damit kann Kontemplation beginnen, dass du verstehst und erfährst, wie alles eins ist und nichts aus dem großen Lebenszusammenhang herausfällt. Auch du selbst nicht. Und wie das für Zeit und Ewigkeit gilt.

Du kannst in die Erfahrung der Kontemplation eintreten, indem du ein Gebet sprichst oder denkst etwa dieser Art:

»Ich lasse mich dir, heiliger Gott. Ich bitte dich, nimm mich mir. Und gib mir dich.

Ich lasse dir meinen Willen. Ich glaube nicht, dass ich verantworten kann, was ich tue und was durch mich geschieht. Präge mir deinen Willen ein.

Oder: Ich lasse dir meine Gedanken. Ich glaube nicht, dass ich mich selbst verstehe und mit meinen Gedanken irgendetwas erreiche. Denke du deine Gedanken in mir.

Ich lasse dir meine Pläne. Ich sehe keinen Sinn darin, wenn ich meine Pläne verwirkliche. Ich vertraue mich deinem Plan an.

Ich lasse dir meine Sorgen. Ich glaube nicht, dass meine Sorgen irgendetwas bessern. Ich vertraue mich und alle Menschen deiner Sorge an.

❋

Ich lasse dir, Jesus,
meine Angst vor der Übermacht anderer.
Du warst wehrlos zwischen den Mächtigen.
Die Mächtigen sind untergegangen. Du lebst.
Ich lasse dir meine Furcht
vor meinem eigenen Versagen.
Ich brauche kein erfolgreicher Mensch zu sein,
wenn ich ein gesegneter Mensch sein soll
nach deinem Willen. Segne du mich.
Ich lasse dir alle ungelösten Fragen,
alle Mühe mit mir selbst,
alle unsicheren Hoffnungen. Ich laufe nicht
mehr gegen verschlossene Türen.
Ich warte auf dich.
Du wirst die Tür öffnen.
Ich lasse mich dir. Ich gehöre dir. Führe mich.
Mach aus mir, was du willst. Ich bin in dir. Danke.«

Es gibt ein Gedicht von Friedrich Hebbel, dessen zwei letzte Zeilen dieses Lassen beschreiben:
»Dies ist ein Herbsttag, wie ich keinen sah.
Die Luft ist still, als atmete man kaum.
Und dennoch fallen raschelnd, fern und nah,
die schönsten Früchte ab von jedem Baum.
O stört sie nicht, die Feier der Natur.
Dies ist die Lese, die sie selber hält.
Denn heute löst sich von den Zweigen nur,
was vor dem milden Strahl der Sonne fällt.«

Ich sage das, weil ich es kenne. Weil ich es immer wieder erfahren habe. Es gibt eine große Selbstverständlichkeit, in der alles klar und alles fraglos ist, ein Ruhen in Gott in großer Gelassenheit. Da muss nichts erklärt und nichts verstanden werden, da ist Frieden. Da ist etwas wie Einvernehmen mit allem, was ist, und mit dem, der in allem ist. Ich möchte nicht von »Erleuchtung« reden, obwohl alles wie in einem großen Licht steht. Ich möchte auch nicht von »Vereinigung mit Gott« sprechen, obwohl nichts mehr zwischen mir und dem unendlich nahen Gott ist. Ich möchte auch nicht vom »Versinken in Gott« reden, obwohl es im Grunde genau dies ist. Solche Beschreibungen können im Grunde nie zutreffen, weil sie so scheinen wollen, als sei damit irgendetwas erklärt.

Und was gewinnen wir in der Kontemplation? Es ist, als würde uns etwas zugesprochen und als hörten wir es mit allen Organen unseres Leibes und unserer Seele. Da »hören« wir, als sagte es uns jemand, als stiftete es uns jemand ein:

»Sei ohne Angst. Nichts kann dir gefährlich werden.
Nichts kann dich fällen. Du stehst in Gottes Hand
und wirst darin stehen bleiben.
Lass dich fallen. Es ist Einer, der dich auffängt.
Es ist Frieden. Es ist alles gut.
Sei ohne Angst. Es gibt keine Zeit. Die Zeit wird dir
nur von dir selbst vorgespiegelt. In Wahrheit bist du

gegenwärtig in dem gegenwärtigen Gott. Du ruhst in der Ruhe Gottes.«

Du kannst dabei auch eigene Gedanken fassen. Ich gebe dir hier einige wenige. Wenn du willst, dann nimm den einen oder den anderen und sage ihn für dich, bis du dasselbe in deinen eigenen Worten sagen kannst:

»Was kein Auge sah, und kein Ohr hörte, und in keines Menschen Herz drang, das hat Gott vorgesehen für die, die ihn lieben.«
(1. Korinther 2,9)

Was kein Auge sieht und kein Mensch vernimmt und kein Herz sich erdenkt, das macht Gott aus denen, die sich seiner großen Nähe anvertrauen.

Ich komme also aus den Händen Gottes, und die Hände Gottes werden mir die Gestalt geben, die ich in Ewigkeit tragen werde.

Ich lasse mein Herz ruhen. Es muss nichts tun. Nichts leisten. Sich nicht bewähren. Gott wirkt an mir.

»Die Ruhe Gottes macht alles ruhig. Und wer sich für Gottes Ruhe auftut, der ruht.«
(Bernhard von Clairvaux)

Ich bin nicht verlassen. Wenn die Nacht vorüber ist, wird Tag sein.

Mit mir wird die ganze Welt in Gott heimkehren. Dahin, wo sie immer schon war. Ich höre den Ton einer sehr fernen Musik, in der ein unendlicher Trost liegt. Die Musik, die sagt, dass alles gut sei, weil Gott alles sei in allem. Alles, auch in mir.

Wir reden von Gott und zeigen, was wir meinen, in Bildern. Etwa auch in dem großen, alles einbegreifenden Bild, das wir die Dreieinigkeit Gottes nennen. Und wir wissen, dass dies unsere Bilder sind. Bilder, mit denen sich Gott in unserer Seele und in unserem Verstand spiegelt. Zuletzt werden wir empfinden, das Wort »Gott« sei im Grunde nur eine Chiffre unseres Verstummens. Denn immer steht die Wirklichkeit Gottes verborgen, wenngleich ahnbar, hinter den Bildern. Aber diese eigentliche Wirklichkeit Gottes werden wir nicht bereden können, sondern nur noch anbeten. Und auch das werden wir im besten Fall ohne Worte tun. Denn Gott ist alles in allem. Er ist Unendlichkeit. Ewigkeit. Anfang und Ende aller Bilder und aller Worte.

Ich wünsche dir, dass du von solcher Erfahrung herkommst und dass du auf solche Erfahrung zugehst.

Einen neuen Auftrag übernehmen

Sind wir damit am Ziel des mystischen Weges? Nein, das ist genau nur die erste Hälfte. Die zweite Hälfte beginnt damit, dass wir, was wir gedacht und empfunden und erfahren haben, in aller Stille zurücklassen und uns auf den Weg machen hinaus überall dorthin, wo unser Wort, wo unser Eingreifen, wo unser tatkräftiges Handeln nötig ist. Denn der erleuchtete Mensch beleuchtet nicht sich selbst. Der veränderte Mensch bleibt eben nicht in seinem veränderten Innern. Wer die Liebe Gottes erfahren hat, wird fähig sein zu lieben und wird es tun. Wer von Gott berührt ist, lässt sich von allem anrühren, was um ihn her oder irgendwo in der Welt geschieht.

Der christliche Glaube führt auf keine Weise in die Resignation. Er führt nach innen, aber er kommt dort nicht zum Stillstand. Er bricht nach außen durch und wird zu einer gestaltenden Kraft.

Geistliches Leben ist zwar Entrückung in eine andere Welt. Aber es ist zugleich konkrete Weisung an einen bestimmten Auftrag. Es ist Warten und Empfangen, und es ist eine ungeheure sozialrevolutionäre Kraft. Es ist Kritik jedes organisierten und zugleich die Lebenskraft jedes wirklichen Christentums. Was geistlich sich in uns wandelt, wird zur wandelnden Kraft in der Welt, in der wir leben.

Die Mystiker sagen: Vergiss, was du selbst leidest. Steh auf und steh denen bei, die zu leiden haben. Tritt denen entgegen, die die Verhältnisse so bestimmen, dass sie Leiden erzeugen. Widerstehe der Gleichgültigkeit und Phantasielosigkeit derer, die alles so weiterlaufen lassen möchten, wie es läuft. Du bist niemandem Gehorsam und Ehrerbietung schuldig als Gott allein.

Was für Weisungen gibt uns denn Jesus für unser Tun? Er gibt im Grunde nur zwei: Die eine sagt: Mach dich weiter, als du bist. Geh immer weiter nach draußen. Liebe dich selbst. Ja. Liebe den Menschen neben dir. Aber nun weite dich: Liebe den Fremden. Liebe den Gegner. Den Feind, bis es niemanden mehr gibt, den du nicht lieben kannst.

Die andere Weisung sagt: Lebe unten. Verzichte auf deine eigene Bedeutung, deinen eigenen Rang, das eigene Recht, die eigene Macht, die eigene Würde, den eigenen Erfolg. Setze dich auf den letzten Platz. Die Alten sprachen davon, es gehe um die »conformitas viae«, um die Ähnlichkeit unseres Weges mit dem Weg Jesu Christi. Auf diesem Weg hat Augustin die Regel gewonnen: Liebe, und tu dann, was du willst. Du bist frei. Ich möchte dieses Wort, wie schon gesagt, ergänzen: Lebe unten, bis du auf Augenhöhe bist mit dem, der deiner Liebe bedarf. Dann liebe. Und dann tu, was du willst. Es wird gut sein, dem Geist Jesu entsprechend. Nichts grenzt deine Freiheit ein. Es ist der Weg, auf dem menschliche Probleme und Konflikte lösbar werden.

Der Mensch, der durch diese Schule gegangen ist,

wird der wandelbare Mensch sein. Der achtsame, der wahrnimmt, was geschieht. Der gütige, der sich allem zuwendet. Und der gelassene, der weiß, dass auch sein noch so energisches Tun nicht das Heil bringt, dass das Heil aber von dem kommt, der ihn, den Menschen, in seinem Innersten verwandelt hat.

Kräfte sind uns zugedacht. Und wir, die Wartenden, sagen: Ich nehme diese Kräfte in Anspruch. Sie sind da. Geist von Gott ist uns zugesagt. Also ist es nicht unbescheiden, zu vertrauen, dass er uns gegeben ist. Gedanken Gottes zu denken ist uns erlaubt. Also denken wir seine Gedanken mit.

Ich kann sagen: Es steht einer zu mir. Der bejaht mich. Ich kann also zu mir selbst stehen. Ich kann mich annehmen. Ich lege meine Unsicherheit ab. Ich atme auf und lebe.

Ich bin gehalten. Mir geschieht nur, was Gott will. Ich kann also Mut fassen. Ich brauche mich nicht zu fürchten, und ich kann auch anderen Mut machen zu ihrem Leben.

Ich werde heil und ganz sein. Was ich in mir an Rissen und Brüchen kenne, soll geheilt werden. »Steh auf!«, sagt mir Jesus. Ich lasse mir also meine Last abnehmen und richte mich auf.

Ich weiß dann: Ich kann vertrauen und meinen Weg sorglos und gelassen gehen. Ich lasse los, was mich bindet und zu Boden drücken will. Gott will mich leicht und fröhlich.

Ich bin ein freier Mensch. Niemand steht über mir außer Gott. Ich kann für meine Überzeugung stehen gegen jeden Trend und gegen jede Macht. Wenn meine Situation es erfordert, bin ich bereit, meine Freiheit abzugeben, ohne mich zu wehren.

Ich bin nicht allein. Ich bin zuhause bei Gott und bei den Menschen. Am Tisch ist ein Platz frei. Das Haus ist offen. Ich stelle mich zu denen, die mit mir zusammen das Haus dieser Erde bewohnen, zu ihrem Leid und ihrer Einsamkeit.

Mir ist ein Auftrag gegeben: Ich soll in der Liebe Gottes leben und sie für andere spürbar machen. Ich bin ein Saatkorn für das Reich Gottes und für seine Gerechtigkeit. Das ist der Sinn meines Lebens.

Ich sehe ein Ziel vor mir. Ich bin gerufen, und ich werde meinen Weg gehen in die größere Welt. Der Tod kann mir nichts anhaben. Christus lebt, und ich werde leben und glücklich sein.

Ich kann mir sagen: Ich muss mich nicht mit Mühe und Anstrengung selbst herstellen. Wer ich bin und was ich werden kann, das gibt mir die Liebe Gottes. Ich brauche nicht auf meine Leistung zu bauen. Ich scheitere nicht an meinem Versagen. Mich hält eine gütige Hand fest, unabhängig von dem, was ich zustande bringe.

Dies beides, zu hören, was das Evangelium mir sagt, und auf meine eigenen Erfahrungen zu achten, ist der Anfang eines lohnenden, eines aussichtsreichen Tuns.

Wenn ich eine alte Kirche besuche, etwa eine der französischen Kathedralen – wie die in Dijon –, so ist mein Ziel mehr als der riesige Raum stets die Krypta, die unter dem Kirchenraum liegt und älter ist als er. Manchmal hat sie die Gestalt eines schmalen Ganges unter einer niedrigen Decke, der auf ein kleines Fenster hin angelegt ist, zwischen rohen Säulen. Sie ist oft auch ein kreisrunder Raum in Dämmer oder Dunkelheit, dessen Säulen in einem Kreis um seine Mitte herum gebaut sind. Die Säulen stehen, als wären sie feiernde Menschen, die unter dem rohen runden Gewölbe versammelt sind. Seit tausend Jahren steht dieser Raum. Er sammelt eine ungeheure Unendlichkeit in seiner Runde und wirft sie von dem Kranz der Säulen hinauf in das runde Gewölbe. Ich trete in ihren Kreis. Ich werde eine von ihnen. Ich stehe. Schweigend und horchend. Ich empfinde nicht, dass ich gekommen bin und dass ich in Kürze wieder gehen werde, sondern dass ich bin. Ja. Ich bin hier. Hier ist mein Ort. Die Stille des Raumes geht in mich über. Der Raum ist. Nichts geschieht. Und ich gehe auf in der spürbaren Gegenwart Gottes. Kontemplation, Ruhen in einem Raum, der der Ewigkeit Gottes nachgebaut ist, ist Einübung in die Stille der Zeit. Denn Ewigkeit ist nicht unendliche Zeit, sondern Zeitstille. Sie ist Aufhören. Zur Ruhe kommen. Sein.

*

Vater, ich gehe noch einmal den Weg zurück
durch alle meine Jahre.
Ich denke nicht an meine Leistung. Sie ist gering.
Nicht an das Gute, das ich getan habe.
Es wiegt leicht gegen die Last des Versäumten.
An das Gute, das du mir getan hast,
denke ich und dafür danke ich dir.
An die Menschen, mit denen ich gelebt habe,
an alle Freundlichkeit und Liebe,
von der ich mehr empfangen habe,
als ich wissen kann.
An jeden glücklichen Tag
und jede erquickende Nacht.
Und an vieler Menschen Jammer und Mühsal,
deren Sinn ich nicht sehe.
Mein Werk ist beendet.
Meine Träume verflogen. Du aber bleibst.
Nun möchte ich an dem fernen oder nahen Tag,
den du bestimmst,
aufstehen und heimkehren zu dir.

*

Und so sollen auch von uns im Namen des Friedens,
der aus Gott ist,
gesegnet sein die Völker aller Sprachen,
die Menschen aller Länder.
Es sollen gesegnet sein Himmel und Erde,
Wolf und Lamm, Falke und Taube.

Es sollen gesegnet sein Freund und Feind,
damit sie Brüder werden und Schwestern.
Es sollen gesegnet sein Schwarze und Weiße,
Menschen aus West und Ost,
damit sie Frieden schließen
und Freundschaft, ein für alle Mal.
Es sollen gesegnet sein Christen und Atheisten,
Moslems und Hindus, Heiden und Sektierer,
damit sie eins werden in Gott.
Es sollen gesegnet sein
die Unwissenden und die Weisen
und die Weisheit Gottes rühmen.

Gott segne euch,
und ihr sollt ein Segen sein
für die bedrohte Welt
und die Menschen dieser Erde.
Der Friede Gottes sei mit euch
und mit allen Menschen.

*

In der Kontemplation kommt die Zeit zur Ruhe. Der Glaube geht in ein Schauen über. Das Strömen der Zeit geht über in die Stille. Sie ist der Raum des eigentlichen Erfahrens.

Zeitstille ist die Fülle der Zeit. Die Erfüllung dessen, was im Flüchten der Zeit gemeint war.

Wir erreichen damit das Ziel, das wir uns mit dem Vorsatz gesteckt haben, den Sinn der religiösen Erfahrung aufzuzeigen. Denn dies ist die letzte Gotteserfahrung: dass uns im Zuge unserer Meditation zuwächst, was das Evangelium zeigt: Befreiung, Entlastung, Heilung, Ermutigung, Befähigung. Es ist die Erfahrung, dass unsere Gestalt ihn spiegelt, dass unser Herz voll ist von Gott, und damit voll von dem, was größer ist und wichtiger als wir selbst.

Wer betet, wird in seinen konzentriertesten Stunden erfahren: Je wahrer und je tiefer unsere Gebete werden, desto stiller werden sie sein. Wir werden immer weniger reden. Immer weniger dringt aus dem Lärm, der in uns ist, in das Gebet ein, bis es endlich nur noch erwartende Stille ist. Und in dieser Stille wird der Geist Gottes, wie Paulus sagt, das Gebet in uns sprechen.

Wenn ich danach zurückkehre in meine laute Welt, werde ich den Wohlklang eines Vogellauts stärker empfinden, als mich irgendein Lärm noch zu irritieren vermag. Ich werde den Frieden, die Erfahrung des stillen Gottes, mit mir nehmen.

Meister Eckart sagt:
»Dass ein Mensch ein ruhiges
und nachdenkliches Leben in Gott hat,
das ist gut;
dass der Mensch ein
mühevolles Leben mit Gott erträgt,
das ist besser;

aber dass man Ruhe habe
mitten im mühevollen Leben,
das ist das allerbeste.
Ein Mensch gehe übers Feld
und spreche sein Gebet und erkenne Gott,
oder er sei in der Kirche und erkenne Gott.
Denn Gott ist gleicherweise
in allen Dingen und an allen Stätten ...«

Wenn ich den Wind höre, der durch diese heutige Zeit geht, so redet er ähnlich. Es geschieht eine Wandlung mit den Seelen der Menschen. Der wehende Geist ist spürbar. Er will uns berühren. Es ist nur eine Frage unserer Achtsamkeit.

Wie soll ich diesen Weg zu Ende gehen? Vielleicht so, dass ich einer Bäuerin aus der Bretagne das letzte Wort lasse. Es ist Armelle Nicolas, die von 1606 bis 1671 in der Nähe von Vannes gelebt hat. Ihr Buch »Die Schule der reinen Liebe Gottes« trägt den Untertitel: »Den Gelehrten und Ungelehrten eröffnet in dem Wunderleben einer armen, unwissenden Weibsperson, die von Geburt eine Bäuerin und dem Stand nach eine Dienstmagd gewesen.« Veröffentlicht in Augsburg 1736.

»All mein Gut ist Gott allein.
Wie er in mir ruht, so ruhe ich in ihm.
Ich bin ganz in ihn eingeschlossen
und bin nicht mehr ich selbst.
Seine Liebe ist meine Liebe,
sein Reichtum mein Reichtum.
Sein Friede ist meine Ruhe,
seine Wege sind meine Lust.

Nichts könnte ich mehr erbitten,
denn alles ist mir geschenkt.
Ich muss nicht fürchten, es zu verlieren,
denn es gehört ihm allein,
der meine Liebe ist und mein Alles.

Gott ist alles. Ich bin nicht mehr.
Ich bin zurückgekehrt in meinen Ursprung.
Er allein lebt in mir,
ich aber bin nicht mehr in mir selbst,
sondern in ihm.«

❋

Wenn du das nachgesprochen hast,
dann geh in diese große Ruhe und lass dich finden.